Begegnungen

Eliten in Liebenberg

Deutsche Sporthilfe

Partner

DKB Deutsche Kreditbank AG

Medien-Partner

Edition Fackelträger

© 2012 Fackelträger Verlag GmbH, Köln
Emil-Hoffman-Straße 1
D-50996 Köln
Alle Rechte vorbehalten

Satz und Gestaltung:
e.s.n. Agentur für Produktion und Werbung GmbH, Düsseldorf
Fotos: Marc Theis
Texte: Oliver Kauer-Berk
Sonstiger Fotonachweis: S. 4: © Hennig Schacht,
S. 11 und S. 12–19 (teilweise), Deutsche Sporthilfe,
S. 221: Schloss und Gut Liebenberg

Wir danken der Agentur Birkholz & Birkholz,
Frankfurt/M, für Konzeption und Unterstützung.

Gesamtherstellung:
VEMAG Verlags- und Medien AG, Köln
ISBN 978-3-7716-4508-3
www.fackeltraeger-verlag.de

Inhalt

Vorwort

Die Deutsche Sporthilfe will in einer leistungsorientierten Gesellschaft Eliten fördern und sportliche Höchstleistungen ermöglichen. Für die von ihr unterstützten Athletinnen und Athleten ist das Sporthilfe Elite-Forum seit dem Jahr 2005 ein Serviceangebot besonderer Art und ein wertvoller Baustein in der Förderung ihrer dualen Karriereplanung.

Bei den Seminaren in Liebenberg begegneten sich in den vergangenen acht Jahren Hunderte von Persönlichkeiten: Herausragende Sportlerinnen und Sportler mit zahlreichen Siegen und Medaillengewinnen für Deutschland bei Olympischen Spielen, Welt- und Europameisterschaften trafen erfolgreiche Persönlichkeiten aus der Wirtschaft, den Wissenschaften, der Politik, den Medien oder der Kunst. Menschen, die dem Sport und der Idee der Persönlichkeitsentwicklung junger Athletinnen und Athleten sehr zugeneigt sind, welche sie mit ihrem Namen und ihren beruflichen wie menschlichen Erfahrungen befördern wollten. Dank dieses Engagements beginnt der Humboldt'sche Anspruch – „Bilde Dich selbst, und dann wirke auf andere, durch das, was Du bist" – der an der Wiege des Sporthilfe Elite-Forum steht, sich auch zu verwirklichen. Zum Wohle unseres Landes.

Der Sporthilfe und ihrem Elite-Forum weiterhin alles Gute!

Dr. Hans-Peter Friedrich
Bundesminister des Innern

Das Sporthilfe Elite-Forum

Sportler sind Leitbilder für die Gesellschaft und Motivatoren für die Breitensportbewegung, der Sport ist ein stabilisierendes Element der Demokratie in Deutschland. Die im Jahre 1967 gegründete Stiftung Deutsche Sporthilfe sieht deshalb einen wesentlichen Teil ihrer Tätigkeit darin, in einer leistungsorientierten Gesellschaft unter der Maxime Fairplay und Miteinander Eliten zu fördern und sportliche Höchstleistungen zu ermöglichen. Gleichzeitig möchte sie die Spitzenathleten darin unterstützen, sich künftig verstärkt als Vorbilder auch für andere Bereiche in unserer Gesellschaft einzusetzen.

Die Deutsche Sporthilfe hat deshalb im Jahr 2005 gemeinsam mit der Deutschen Kreditbank (DKB) das Sporthilfe Elite-Forum ins Leben gerufen und damit ein Angebot geschaffen, das für die Persönlichkeitsentwicklung deutscher Top-Athleten bildende und prägende Funktion übernehmen soll. Es soll Werte vermitteln und Orientierung geben. Innerhalb kurzer Zeit wurde die Veranstaltungsreihe im Schloss & Gut Liebenberg zu einer einzigartigen Begegnungsstätte zwischen Leistungsträgern unterschiedlichster gesellschaftlicher Bereiche.

Die persönlichen Begegnungen von Eliten aus verschiedenen Disziplinen fördern in besonderem Maße den gegenseitigen Respekt und die Anerkennung von Leistung in allen gesellschaftlichen Bereichen. Sie decken parallele Entwicklungen auf und zeigen, dass „die Struktur einer Leistung immer die gleiche ist" (Karl Adam).

Die Beschäftigung mit humanistischen Idealen, die teilweise sehr privaten

Das Sporthilfe Elite-Forum

Einblicke in Entwicklung und Bildungsgang von Eliten aus der Politik, der Wirtschaft und den Wissenschaften oder die Begegnungen mit prominenten Köpfen aus der Literatur, der Bildenden Kunst und der Unterhaltung

„Bilde Dich selbst, und dann wirke auf andere durch das, was Du bist."

Wilhelm von Humboldt (1767-1835)

hinterlassen bei den Teilnehmern des Sporthilfe Elite-Forums nachhaltige Eindrücke – sowohl auf Athleten-Seite als auch bei den Referenten.
Unter dem Humboldt-Imperativ „Bilde Dich selbst, und dann wirke auf andere durch das, was Du bist" haben 25 Sporthilfe Elite-Foren stattgefunden. Von 2005 bis 2012 kamen 450 Top-Athleten aus mehr als 35 Sportarten zusammen, darunter 42 Olympiasieger, 87 Welt- und 53 Europameister.

Sie trafen auf über 200 Referenten und Gesprächspartner aus allen Bereichen des gesellschaftlichen Lebens. Zehnkampf-Olympiasieger Christian Schenk, der die Einrichtung des Sporthilfe Elite-Forums initiierte, führte als Seminarleiter und Moderator durch die Gespräche, die Agentur Birkholz & Birkholz sorgte für das athletengerechte Umfeld. Gastgeber ist die Deutsche Kreditbank.

ein besonderes Bildungsangebot

Thesen zum Sporthilfe Elite-Forum

- Sport ist Teil der Kultur unseres Landes. Die Befolgung seiner Prinzipien und Grundsätze dient ganz wesentlich dem friedlichen Miteinander in unserer Gesellschaft.

- Eliten aus allen Bereichen des Lebens, also auch die aus dem Sport, tragen eine besondere Verantwortung für die Weiterentwicklung und Zukunftsfähigkeit unserer Gesellschaft.

- Leistungsträger sollen auch menschlich Vorbilder sein. In der Verbindung von Können und sozialem Verhalten werden sie Motor und Leitbild gesellschaftspolitischer Entwicklungen.

- Die Aus- und Weiterbildung unserer Eliten ist eine Aufgabe der gesamten Gesellschaft und deswegen auch eine Herausforderung für den Sport.

- Das Sporthilfe Elite-Forum als ein Ort der Begegnung zwischen den Eliten des Sports und Eliten anderer gesellschaftlicher Bereiche soll dazu beitragen, Sportler weiterzubilden, die sich ihrer besonderen Verantwortung für unser Gemeinwesen bewusst sind.

Hans Wilhelm Gäb
Ehren-Vorsitzender des Aufsichtsrats
der Stiftung Deutsche Sporthilfe

Das Handeln der Eliten

In der Gegenwart erleben wir eine Renaissance des Elite-Denkens. Eliten werden wieder gebraucht: Eliteuniversitäten entstehen und werden gefördert, Center of Excellence werden mit staatlicher Unterstützung geschaffen, Wirtschaft und Wissenschaft sind auf das Heranwachsen junger Eliten angewiesen. Die Welt ist komplizierter geworden, die wirtschaftlichen Zusammenhänge sind schwerer zu durchschauen. Fragen werden gestellt, Antworten müssen gegeben werden. Aber von wem? Wer hat die Kompetenz dazu, sie zu geben?

Wenn wir heute von Eliten sprechen, dann verbinden wir damit keinen Qualitäts- oder Wertebegriff, sondern auf Grund unserer arbeitsteiligen Gesellschaft vor allem besondere Leistungen. Sie können von jedem – unabhängig von seiner sozialen Herkunft – erbracht wer-

den. Das ist gerade für junge Menschen eine große Chance, wenn sie sich nicht nur fördern lassen, sondern sich auch selbst etwas abfordern. Für Sportler ist das eine Selbstverständlichkeit.

Auch Leistungssportler können zur Elite gehören. Überdurchschnittliche Leistungen heben sie aus dem Kreis ihrer Wettbewerber heraus. Sie stehen auf dem Siegerpodest; sie werden bewundert, geehrt und sie sind gesellschaftlich anerkannt. Häufig sind sie für junge Menschen ein Vorbild.

Aber Leistungswille und Leistungsvermögen allein sind nicht ausreichend. Es genügt nicht, ein guter Sprinter oder Kicker zu sein. Zu einem natürlichen Talent muss auch die Herausbildung der individuellen Persönlichkeit kommen. In jedem Menschen steckt etwas Besonderes, das ihn von seinen Mitmenschen unterscheidet. Keiner ist wie der andere. Jeder hat ein Talent, vielleicht nur ein kleines. Er muss es entdecken, pflegen und daran arbeiten, dass es zur Entfaltung kommt.

In der Jugend können Vorbilder helfen, den richtigen Weg zu finden. Aber das Kopieren von Vorbildern ist gefährlich. Das gilt vor allem für das habituelle Verhalten wie es in der Sprache, in Gesten und in modischen Accessoires zum Ausdruck kommt. Kopien geraten schnell zu Karikaturen ihrer selbst. Wie kann man das eine tun und das andere vermeiden? Hier setzt das „Elite-Forum" der Sporthilfe ein. Das Forum bringt junge Sportlerinnen und Sportler mit Menschen zusammen, die in der Politik, Wirtschaft und Kultur Besonderes geleistet haben. Sie tragen Verantwortung. Sie gehören häufig zur Funktionselite der Gesellschaft.

Wie bilden sich Eliten heraus? Es sind neben erworbenem Fachwissen und Leistung vor allem Charaktereigenschaften und soziale Kompetenz, die dazu beitragen. Eliten können sich so zu Führungseliten entwickeln, die anderen vorangehen und nicht dem Zeitgeist hinterher laufen.

Das Handeln der Eliten

Ohne Anspruch auf Vollständigkeit können sieben Merkmale genannt werden.

1. Kompetenz und Integrität: Führung muss durch nachweisbare Leistungen und Sachverstand begründet, durch Charakter erworben und vorbildliches Verhalten eingelöst werden.

2. Berechenbarkeit und Verlässlichkeit: Führungskräfte sollen für Mitarbeiter berechenbar sein. Wo Berechenbarkeit und Vertrauen fehlen, entsteht Unsicherheit. Unberechenbarkeit drückt sich im Taktieren und widersprüchlichem Verhalten aus. Beides sind die Vorboten jeden Autoritätsverfalls.

3. Optimismus und Teamgeist: Entscheider müssen gemeinsam mit ihren Mitarbeitern Lösungen finden und dabei trotz aller Schwierigkeiten ein gutes Klima schaffen, das Kreativität fördert. Gesprächsoffenheit ist unverzichtbar.

4. Authentizität und Charakter: Charakter zu haben bedeutet in jeder Situation in Übereinstimmung mit sich selbst zu bleiben. Wer anderen etwas vormacht, entlarvt sich irgendwann von selbst. Selbsttreue verleiht Stabilität und Respekt, sich selbst und anderen gegenüber.

5. Erfahrung und Moral: Jede unserer Entscheidungen drückt das Menschenbild aus, das wir auf Grund unserer Wertvorstellungen haben.

6. Überzeugen statt Befehlen: Auch wenn manche Menschen (zum Beispiel Künstler und Sportler) nicht ohne weiteres führen wollen, so tun sie es indirekt doch. Ohne Autorität einzufordern, überzeugen sie allein durch ihre persönliche Haltung, die erkennbare Leistung und die Aufrichtigkeit ihres Handelns.

7. Vorbild sein: Den richtigen Weg weisen ist die zentrale Aufgabe von

Führung. Das bedeutet, Menschen in schwierigen Situationen Orientierung zu geben, ihnen zu sagen, wie sie sich verhalten müssen, um eine Aufgabe zu meistern.

Alle genannten Merkmale zeigen, dass es auf einen selbst ankommt, wie man sich im Leben weiterentwickelt. Natürlich spielen Elternhaus, Schule, Gemeinschaften in denen man lebt, auch Ausbildungswege wie Fachschulen und Universitäten eine große Rolle. Ohne dies ist alles schwieriger. Niemand ist allein aus sich heraus alles. Es gibt ein schönes Wort des Pädagogen Johann Heinrich Pestalozzi, der den Zusammenhang deutlich macht: Der Mensch ist nicht nur Werk der Natur, sondern auch Werk der Gesellschaft und Werk seiner selbst. Wer diesen Dreiklang erkennt und danach sein Leben ausrichtet, der ist auf dem richtigen Weg.

Prof. Dr. Dieter Stolte
ZDF Intendant von 1982 – 2002

Begegnungen

»Herzlichen Dank für einen interessanten Gesprächsabend
mit Sportlern, die unerlässlich wichtige Vorbilder in unserer
freiheitlichen Gesellschaft sind.« (Wolfgang Schäuble)

2006 Visite im Büro der
damaligen Gesundheits-
ministerin Ulla Schmidt

2009 Bundesminister Dr. Wolfgang Schäuble im Schlosssaal
mit dem Sporthilfe-Aufsichtsratsvorsitzenden Werner E. Klatten
(erste Reihe, 4. von rechts)

»Vielen Dank für das interessante
und offene Gespräch über Politik
und Sport. Ich habe viel gelernt,
nicht nur Trampolinspringen!«
(Dr. Thomas de Maizière)

2010 Altbundes-
kanzler Gerhard
Schröder mit den
Olympiasiegern Fanny
Fischer (Kanu) und Ole
Bischof (Judo)

2010 Bundesminister Dr. Thomas de Maizière
mit den WM-Zweiten Christian Pöllath und
Manfred Schwedler auf dem Trampolin vor
Schloss Liebenberg

2011 Empfang des früheren Finanzministers Peer
Steinbrück durch Seminarleiter Christian Schenk,
die Weltmeister Nicolas Limbach (Fechten) und
Anja Noske (Rudern), DKB-Vorstand Rolf Mähliß
sowie Sporthilfe-Chef Dr. Michael Ilgner (von links)

Begegnungen

[Wirtschaft]

»Es hat großen Spaß gemacht, in Ihrer Runde zu diskutieren – sehr offen, sehr ehrlich.«
(René Obermann)

2006 Hilmar Kopper, ehemaliger Vorstandssprecher der Deutschen Bank, mit der Bronzeskulptur »Frucht«, dem Gastgeschenk des Sporthilfe Elite-Forums

2007 adidas-Chef Herbert Hainer ist zu Gast

2008 Telekom-Chef René Obermann mit Lena Schöneborn, Olympiasiegerin im Modernen Fünfkampf, und der Paralympics-Dritten Astrid Höfte

2010 Daimler-Vorstand
Udo Uebber referiert

2010 Günther Troppmann,
Vorstandsvorsitzender der
DKB und regelmäßiger Ge-
sprächspartner

2005 Martin Walser signiert

»Heute nehme ich mehr
von hier mit, als ich
geben konnte.«
(Martin Walser, Schriftsteller)

2006 bei Maler
Norbert Bisky

Begegnungen

2007 Kaminabend mit der 2011 verstorbenen Schriftstellerin Christa Wolf

2008 Julia Franck liest aus ihrem Bestseller »Die Mittagsfrau«

»Großartig, wie man mit Spitzensportlern diskutieren kann!«
(Prof. Gunter Gebauer, Philosoph und Sportsoziologe)

2009 Künstler Markus Lüpertz (rechts) diskutiert in seinem Atelier mit den Boxern Alexander Miller, Gottlieb Weiss und Vahagn Sahakyan (von links)

2009 Scorpions-Gitarrist Rudolf Schenker (Mitte) mit Hockey-Olympiasieger Niklas Meinert, Leichtathletik-Europameister Jan Fitschen, Ruder-Weltmeister Marcel Hacker und Reit-Olympiasieger Frank Ostholt (von links)

2006 Talk mit Alfred Biolek

2006 Günther Jauch mit dem damaligen Sporthilfe-Vorstandsvorsitzenden Hans Wilhelm Gäb (links) und Seminarleiter Christian Schenk

2007 Treffen mit Johannes B. Kerner

2007 Gespräch mit Maybrit Illner

»Ich werde eine Menge mitnehmen und hoffentlich auch anwenden und weitergeben können.«

(Johannes Polgar, WM-Vierter Segeln)

Begegnungen

[Teilnehmer]

2008 Kochen mit Léa Linster

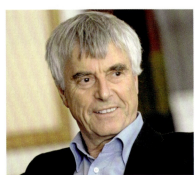

2009 Begegnung mit
Astronaut Dr. Ulf Merbold

2009 mit Dr. Wolfgang Schäuble
und Günther Troppmann

2005 mit Prof.
Dr. Dieter Stolte
und Rudi Cerne

»Das Sporthilfe Elite-Forum hätte ich mir so schon vor 20 Jahren gewünscht.
Danke, dass ich jetzt dabei sein darf.«
(Rudi Cerne, TV-Moderator und ehem. Eiskunstläufer)

»Das Sporthilfe Elite-Forum war für mich nicht ein Blumenstrauß an Möglichkeiten, nein, es war eine Bundesgartenschau!«
(Jens Filbrich, Olympiazweiter Skilanglauf)

2011 mit Rosi Mittermaier und Christian Neureuther

2007 mit Radsport-Präsident Rudolf Scharping

2010 mit Bundesminister Ronald Pofalla im Kanzleramt

Dr. Karl-Georg Attenburg

[CEO JP Morgan Deutschland/Österreich/Schweiz]

Gut erklärt

Mehr als 200.000 Euro erlöst der JP Morgan-Firmenlauf inzwischen jedes Jahr in Frankfurt zugunsten junger Behindertensportler. Die Bank als Ausrichter spendet davon mehr als die Hälfte. »Unserer gesellschaftlichen Verantwortung wegen«, sagte der Chef und erklärte vor den Sportlern ein komplexes Thema sehr anschaulich.

»Wenn es uns gut geht, können wir etwas für die Gesellschaft tun, und wenn es der Gesellschaft gut geht, ist das gut für uns.«

Biografie

*1963 in Mülheim/Ruhr

Vor seinem Einstieg bei JP Morgan arbeitete Altenburg für die Investment-Bank Salomon Brothers und die Unternehmensberatung Arthur D. Little. Bereits zwischen 1993 und 2000 war der promovierte Ingenieur für JP Morgan in New York und London tätig, bevor er seine Karriere als Gründungsmitglied bei Inquam Ltd., einem Spezialanbieter für professionellen Mobilfunk, fortsetzte. Altenburg ist seit November 2011 Präsident des Deutschen Tennis-Bundes.

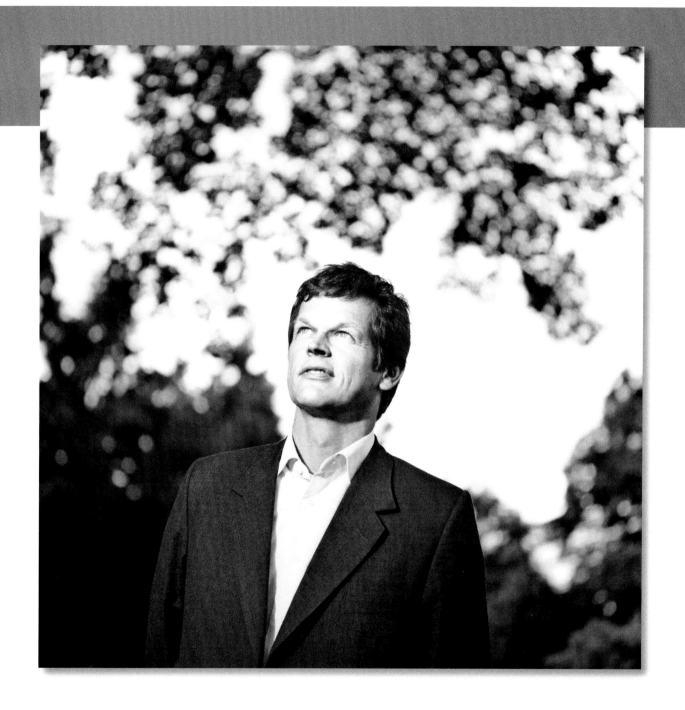

Dr. Thomas Bach

[Präsident Deutscher
Olympischer Sportbund,
Vizepräsident Internationales
Olympisches Komitee]

Leistungselite wird gebraucht

Sein Bekenntnis war eindeutig: »Wir brauchen eine Leistungselite, die den Willen und die Motivation hat, Besonderes zu bewegen. Die Leistungsfähigkeit eines Landes bemisst sich an den Eliten.« Im Sport sei der Zusammenhang zwischen Anstrengung und Erfolg sehr gut nachvollziehbar. Zumal: »Die Leistung wird nach dem Training nicht an

»Wenn ein Unternehmen einen Leistungssportler einstellt, ist das kein gesellschaftliches Engagement, sondern eine leistungsfördernde Maßnahme.«

der Garderobe abgegeben«. Der Fecht-Olympiasieger ist das beste Beispiel: Heute »erster Mann« im deutschen Sport, aber auch Aufsichtsratschef bedeutender Unternehmen.

Biografie

*1953 in Würzburg

Seine sportpolitische Laufbahn begann Bach 1975 als Aktivensprecher der deutschen Fechter. 1976 wurde er Mannschafts-Olympiasieger mit dem Florett. Von 1977 bis 1981 war er Mitglied im Beirat der Aktiven, ab 1980 dessen Vorsitzender. Von 1981 bis 1988 wirkte der Jurist in der Athletenkommission des IOC und wurde 1991 IOC-Mitglied. Es folgten 1996 die Mitgliedschaft in der IOC-Exekutive und 2000 der Posten des IOC-Vizepräsidenten (jeweils bis 2004). In beide Ämter wurde Bach 2006 erneut gewählt, ebenso zum ersten Präsidenten des neuen DOSB.

Robert Bartko

Der schnellste Verfolger

Seinen größten Auftritt hatte er im Jahr 2000 bei den Olympischen Spielen. Nachdem er ein Jahr zuvor in Berlin erstmals die WM-Titel in der Einer- und der Mannschaftsverfolgung gewonnen hatte, siegte er auch in Sydney in beiden Disziplinen. In den Jahren 2005 und 2006 holte er abermals die WM-Titel in der Einerverfolgung.

»Wenn wir uns als Leistungssportler nicht hundertprozentig auf unsere Sache konzentrieren, können wir keine Spitzenleistungen bringen.«

Biografie

*1975 in Potsdam

Robert Bartko lebt in Ludwigsfelde bei Potsdam. Sein Heimatverein ist der OSC Potsdam. Er suchte zwischenzeitlich im Straßenradsport eine neue Herausforderung, fuhr für das Team Telekom und das niederländische Team Rabobank. Heute gehört der Sportsoldat zum LKT Team Brandenburg.

Muriel Baumeister

[Schauspielerin]

Preußische Tugenden

Leistungen im Sport und in der Schauspielkunst haben ähnliche Grundlagen. Filme mit bis zu 30 Drehtagen, teilweise mit Arbeit von 5 bis 22 Uhr, verlangen der Darstellerin und Mutter viel ab. »Preußische Tugenden« seien in ihrem »leidensstarken« Beruf deswegen gefragt. Dazu: Augen aufmachen, von Vorbildern lernen und Neuem gegenüber aufgeschlossen sein.

»Wichtig im Beruf sind Disziplin und die Fähigkeit zur Selbstkritik, Bescheidenheit und Demut.«

Biografie

*1972 in Salzburg

Bereits mit 16 Jahren stand Muriel Baumeister für die Serie »Ein Haus in der Toskana« vor der Kamera. Nach dem Abitur begann sie ein Studium der Sozialpädagogik, das sie 1989 abbrach, um ganz zur Schauspielerei zu wechseln. 1993 erhielt sie die Goldene Kamera als beste Nachwuchsdarstellerin. Einem größeren Publikum bekannt wurde sie durch die Fernsehserie »Der Landarzt«.

Martina Beck & Andrea Henkel

[Weltmeisterin und Olympiasiegerin Biathlon]

Die siegreichen Skijägerinnen

Sie stehen für die erfolgreichste Generation deutscher Biathletinnen: Andrea Henkel gewann 2002 bei den Olympischen Spielen in Salt Lake City Gold im Einzel über 15 Kilometer sowie mit der deutschen Staffel. Bei Weltmeisterschaften sammelte sie von 2000 bis 2012 acht Titel, fünf Silber- und zwei Bronzemedaillen. Martina Becks Karrierehöhepunkt waren die Olympischen

»Der Leistungssport hat mich als Person geprägt, mich oft unglaubliche Anstrengungen gekostet, viele Entbehrungen mit sich gebracht, mir aber auch unvergessliche Momente beschert.« (Martina Beck)

Spiele 2006 in Turin, als sie dreimal Silber holte: im Einzelrennen, in der Verfolgung und mit der Staffel. Zwölf WM-Medaillen, darunter dreimal Gold, ergänzen ihre Erfolgsbilanz.

Biografie:

*1979 in Garmisch-Partenkirchen als Martina Glagow
*1977 in Ilmenau

Andrea Henkels Heimatort ist Großbreitenbach in Thüringen, ihr Verein der Großbreitenbacher Skiverein. Seit 1996 ist sie Sportsoldatin in der Sportfördergruppe der Bundeswehr. Martina Beck kommt aus Mittenwald, ihr Verein ist der SC Mittenwald und sie ist Polizeiobermeisterin bei der Bundespolizei.

Verena Bentele

[Paralympicssiegerin
Biathlon und Skilanglauf]

Goldschürferin in der Loipe

Mit zwölf Siegen bei paralympischen Winterspielen gehört sie zu den weltweit erfolgreichsten Athletinnen im Behindertensport. Nach Goldmedaillen 1998 in Nagano, 2002 in Salt Lake City und 2006 in Turin krönte die sehbehinderte Athletin ihre Karriere mit fünf weiteren Erfolgen bei den Paralympics 2010 in Vancouver.

Zwölf Siege bei paralympischen Winterspielen

Biografie

*1982 in Lindau

Verena Bentele lebt in München. Ihr Verein ist der PSV München. Im Jahr 2011 schloss sie ein Magisterstudium mit dem Hauptfach Neuere Deutsche Literaturwissenschaft ab. Sie arbeitet als freiberufliche Referentin im Bereich Personaltraining und -entwicklung, Themenschwerpunkte sind dabei Motivation, Kommunikation, Teamarbeit, Vertrauen und Leistungsdruck als Herausforderung.

Alfred Biolek

[Fernseh-Entertainer und Talkmaster]

Essen und Reden

Es ging um gute Gespräche, um angenehme wie schwierige Gesprächspartner, um Freundschaften, um das Showbusiness. Und natürlich ging es ums Kochen, spätestens als Skeletonfahrer Matthias Biedermann fragte, was Alfred Biolek denn ihm in seiner Kochshow auftischen würde. »Spargel mit Buttersauce, dazu junge, frische Kartoffeln, gekochten Schinken und einen Weiß- oder Grauburgunder«, schlug er vor. Die Rollen waren an diesem Abend vertauscht: Die Sportler fragten den Talkmaster aus. Biolek (»das Glas ist für mich immer halbvoll«) genoss es.

»Ein interessanter, sehr inspirierender Abend mit guten Fragen und guten Gesprächen.«

Biografie

*1934 in Freistadt/ Mährisch-Schlesien

Biolek studierte Jura und war von 1963 bis 1970 Justitiar beim ZDF. Ab 1970 arbeitete er als Produzent der Bavaria GmbH in München. Hier entstanden die Sendungen »Am laufenden Band« mit Rudi Carrell sowie von 1978 bis 1985 »Bios Bahnhof«, den er moderierte und für den er 1983 den Grimme-Preis erhielt. 1991 startete in der ARD die Sendung »Boulevard Bio«. Von 1994 bis 2007 war er mit der Kochsendung »Alfredissimo« auf dem Bildschirm zu sehen.

Ole Bischof

[Olympiasieger Judo]

Der Chef auf der Matte

Er ist einer der erfolgreichsten deutschen Judokas aller Zeiten. Der Halbmittelgewichtler (bis 81 Kilogramm) war 2005 Europameister, 2009 WM-Dritter und hatte 2008 bei den Olympischen Spielen in Peking seinen perfekten Tag: Er gewann die Goldmedaille im Finale gegen den Südkoreaner Jae Bum Kim und wiederholte damit den Erfolg seines Trainers Frank Wieneke 24 Jahre zuvor in Los Angeles.

»Liebenberg ist ein Ort mit Stil und Niveau.«

Annett Böhm

[Olympiadritte Judo]

Die Kämpferin

Mit den Bronzemedaillen bei den Olympischen Spielen 2004 in Athen und bei den Weltmeisterschaften 2003 in Osaka ist sie eine der herausragenden deutschen Judo-Kämpferinnen. Die Mittelgewichtlerin (bis 70 Kilogramm) belegte 2008 in Peking noch einmal Platz fünf.

»Ich fand alle Gespräche sehr spannend –
keines war uninteressant oder langweilig.«

Biografie

*1980 in Meerane

Annett Böhm lebt in Leipzig und startete für den JC Leipzig. Die Sportwissenschaftlerin absolvierte ein Journalistik-Fernstudium und mehrere Praktika in Sportredaktionen, arbeitete freiberuflich als Journalistin und kommentierte Live-Übertragungen von internationalen Judo-Turnieren im Internet. Derzeit ist sie Volontärin beim Mitteldeutschen Rundfunk.

Ingo Borkowski

[Weltmeister Segeln]

Schnell im Wind

Sein größter internationaler Erfolg ist der Gewinn der Silbermedaille bei den Olympischen Spielen 2000 in Sydney im Soling mit Gunnar Bahr und Jochen Schümann. 2008 in Peking belegte er mit Marc Pickel im Starboot Rang sieben. In der H-Boot-Klasse war er 1995 Weltmeister, im Soling 1998.

»Eine sehr gut organisierte Möglichkeit, in angenehmer Umgebung interessante Menschen näher kennen zu lernen und einen Einblick in unterschiedliche spannende Bereiche des Lebens zu nehmen.«

Biografie

*1971 in Potsdam

Ingo Borkowski lebt in Potsdam. Er startet für den Yachtclub Berlin-Grünau. Der Jurist ist Oberregierungsrat und arbeitet als Referent am Landtag Brandenburg.

Kathrin Boron

[Olympiasiegerin Rudern]

Die erfolgreichste Skullerin

1988 verhinderte eine Verletzung am Sprunggelenk noch ihre Teilnahme in Seoul, danach ruderte die erfolgreichste Skullerin aller Zeiten bei vier Olympischen Spielen hintereinander zu Gold: 1992 und 2000 im Doppelzweier, 1996

> Bei vier Olympischen Spielen nacheinander zu Gold.

und 2004 im Doppelvierer. 2008 in Peking gewann sie noch einmal Bronze im Doppelvierer und beendete ihre Karriere als achtmalige Weltmeisterin.

Biografie

*1969 in Eisenhüttenstadt

Kathrin Boron lebt in Schwielowsee bei Potsdam. Sie startete für die Potsdamer Ruder-Gesellschaft, ist gelernte Bankkauffrau und heute am Olympiastützpunkt Brandenburg für Marketing und Öffentlichkeitsarbeit zuständig. Seit 2011 ist sie Mitglied im Gutachterausschuss der Deutschen Sporthilfe.

Volker Braun

[Schriftsteller]

Literatur live

Der Schriftsteller las vor und diskutierte. Ein philosophischer Abend mit lehrreichen Schlussfolgerungen wie dieser: »Literatur geht in die Widersprüche der Gesellschaft.« Der Büchner-Preisträger motivierte auch Rodler Sascha Benecken, eigene Gedichte vorzutragen. »Wir werden klüger ins Bett gehen«, hatte Seminarleiter Christian Schenk vorher gesagt – und wurde bestätigt.

»Der Strich war so fest, dass er eine Möglichkeit bietet und so dünn, dass er keine endgültige Lösung darstellt. Nach der Lesung und einem Gespräch über das, ›was kommt‹: Mit allen guten Wünschen für die Sporthilfe.«

Biografie

*1939 in Dresden

Volker Braun ist einer der herausragenden deutschen Schriftsteller und war von 2006 bis 2010 Direktor der Sektion Literatur der Akademie der Künste. Schon während seines Philosophie-Studiums von 1960 bis 1964 erlangte er Bekanntheit als Lyriker und machte sich bald als Dramatiker, Prosaautor und Essayist einen Namen. Für seine Gedichte, Theaterstücke, Romane und Erzählungen erhielt er zahlreiche Ehrungen, darunter 2000 den Büchner-Preis, bedeutendste deutsche Literaturauszeichnung.

Kirsten Bruhn

Kirsten Bruhn

[Paralympicssiegerin
Schwimmen]

Schnellste über 100 Meter Brust

Sie ist eine der bekanntesten und erfolgreichsten deutschen Behindertensport-
lerinnen. Bei den Paralympischen Spielen 2004 in Athen und 2008 in Peking
schwamm die inkomplett querschnitts-
gelähmte Athletin jeweils zu Gold über
100 Meter Brust sowie zu insgesamt
drei Silber- und vier Bronzemedaillen.

»Ein interaktiver Austausch mit Persönlichkeiten
aus allen Bereichen.«

Biografie

*1969 in Eutin

Kirsten Bruhn lebt in Wasbek bei
Neumünster und gehört dem Poli-
zeisportverein Union Neumünster
an. Sie ist gelernte Sozialversi-
cherungsfachangestellte, betrieb
schon im Alter von zehn Jahren
Leistungsschwimmen. 1991
führte ein Motorradunfall zu einer
inkompletten Querschnittlähmung.
2002 startete sie erstmals im
Behindertensport.

Thomas Brussig

[Schriftsteller]

Neue Lebenswirklichkeit

Er las aus »Schiedsrichter Fertig« und überzeugte mit der hohen Kunst des Formulierens. Warum er Schriftsteller geworden ist? »Weil ich meine Lebenswirklichkeit nicht in der Literatur wiedergefunden habe.« Die Athleten erfuhren auch: Bundeskanzlerin Angela Merkel hat Reisebegleitern aus »Schiedsrichter Fertig« vorgelesen.

»Und ich dachte, dass ich hinterher ins Röhrchen pinkeln muss… Danke – war trotzdem anders als sonst.«

Biografie

*1964 in Berlin

Brussig absolvierte eine Ausbildung zum Baufacharbeiter und arbeitete als Museumspförtner, Tellerwäscher, Reiseleiter, Hotelportier, Fabrikarbeiter und Fremdenführer. Von 1990 bis 1993 studierte er Soziologie, seit 1995 arbeitet er als Schriftsteller. Im gleichen Jahr erschien der später verfilmte Roman »Helden wie wir«. 1999 war »Am kürzeren Ende der Sonnenallee« ebenso ein Bestseller, »Sonnenallee« erfolgreichster deutscher Film des Jahres. Brussig und Regisseur Leander Haussmann erhielten den Drehbuchpreis der Bundesregierung.

Antje Buschschulte

[Weltmeisterin Schwimmen]

Medaillensammlerin im Wasser

Sie zählte mehr als ein Jahrzehnt lang zu den besten deutschen Schwimmerinnen. Von 1996 bis 2008 nahm sie an vier Olympischen Spielen teil und gewann dabei fünf Bronzemedaillen: vier mit den deutschen Staffeln sowie eine im Einzel 2004 in Athen über 200 Meter Rücken. 2003 schwamm sie zum WM-Titel über 100 Meter Rücken.

»In so einer kurzen Zeit so viele interessante Menschen zu treffen, war eine wunderbare Erfahrung.«

Biografie

*1978 in Berlin

Antje Buschschulte lebt in Magdeburg und startete für den SC Magdeburg. Sie ist diplomierte Neurobiologin und seit November 2011 Büroleiterin in der sachsenanhaltischen Staatskanzlei. Sie ist mit dem deutschen Schwimmer Helge Meeuw verheiratet.

Gesine Cukrowski

[Schauspielerin]

Gegenseitiges Interesse

Offen und ehrlich, selbstkritisch und normal: sie schauspielerte nicht. Das tut sie nur in ihrem Beruf, über den die Athleten viel Neues erfuhren. Etwa über das Körpertraining bei der Ausbildung oder über Existenzsorgen. Die frühere Kunstturnerin war ihrerseits sehr interessiert am Leben als Hochleistungssportler. Die Ankündigung des Abends hatte gestimmt: ein »gegenseitiges Kennenlernen«.

»Vielen Dank für diesen wunderschönen Abend – eine tolle Idee, ein toller, warmer Ort. Es sollte viel mehr Austausch auf diese entspannte Art und Weise stattfinden.«

Biografie

*1968 in Berlin

Nach ersten Bühnenerfahrungen im Studententheater wurde Gesine Cukrowski 1987 für die TV-Serie »Praxis Bülowbogen« entdeckt und brach ihr Studium der Germanistik, Theologie und Theaterwissenschaften ab. Parallel zur Serie absolvierte sie ein Studium an der Schauspielschule Maria Körber. Im deutschen Fernsehen wurde sie ab 1998 durch die ZDF-Serie »Der letzte Zeuge« bekannt, in der sie eine Gerichtsmedizinerin spielte.

Moana Delle

[Jugendweltmeisterin Windsurfen]

Die Beste auf dem Brett

Sie ist die beste deutsche Windsurferin. 2004 machte sie mit der Bronzemedaille bei den Jugend-Weltmeisterschaften auf sich aufmerksam, 2007 holte sie dann WM-Gold in der Nachwuchsklasse. Inzwischen hat sie sich bei den Erwachsenen etabliert, 2010 den Weltcup bei der Kieler Woche gewonnen und vordere Plätze bei Welt- und Europameisterschaften belegt.

»Vielen Dank für den tiefen Einblick in wirtschaftliche, politische, künstlerische wie sportliche Themenbereiche. Meine Erwartungen wurden deutlich übertroffen.«

Biografie

*1989 in Münster

Moana Delle lebt in Kiel und startet für den Segelklub Bayer Uerdingen. Nach dem Abitur im Jahr 2008 studiert sie Geografie an der Christian-Albrechts-Universität in Kiel.

Franka Dietzsch

[Weltmeisterin Diskuswurf]

Dreimal die beste Werferin der Welt

Dreimal war sie Weltmeisterin im Diskuswurf: 1999 in Sevilla, 2005 in Helsinki und 2007 in Osaka. Bei Europameisterschaften siegte sie 1998 in Budapest und gewann 2006 in Göteborg die Silbermedaille. Bei Olympischen Spielen belegte sie 1996 in Atlanta Platz vier und 2000 in Sydney Platz sechs. Ihre persönliche Bestleistung sind 69,51 Meter, erzielt im Jahr 1999.

Ihre persönliche Bestleistung sind 69,51 Meter.

Biografie

*1968 in Wolgast

Franka Dietzsch wuchs in Koserow auf Usedom auf und startete für SC Neubrandenburg. Im Jahr 2006 wurde sie mit dem renommierten Rudolf-Harbig-Preis des Deutschen Leichtathletik-Verbands ausgezeichnet, 2008 mit dem Goldenen Band der Berliner Sportpresse, der ältesten Sportauszeichnung Deutschlands. Franka Dietzsch ist Bankangestellte.

Andreas Dittmer

[Olympiasieger
Kanurennsport]

Der schnellste Indianer

Er nennt sich der »schnellste Indianer«
der Welt und paddelte zwischen 1994
und 2008 die 500 und 1000 Meter im
Einer-Canadier so flott wie kaum ein anderer. Am Ende der sportlichen Laufbahn
standen zu Buche: dreimal Gold, einmal
Silber und einmal Bronze bei den drei
Olympischen Spielen 1996, 2000 und
2004, dazu acht Titel bei Weltmeisterschaften, deren fünf bei Europameisterschaften.

Biografie

*1972 in Neustrelitz

Andreas Dittmer lebt in Waren/
Müritz und startete für den SC
Neubrandenburg. Er ist Bankkauf-
mann und Sparkassenbetriebswirt.

»Wenn du für dein Ziel alles tust – du den absoluten
Willen zum Sieg hast und das Glück zu dir hält –
dann kannst du dir alle deine Träume erfüllen.«

Anna Dogonadze

Die Königin der Saltos

Sie ist die erfolgreichste deutsche Trampolinturnerin. Ihren größten Erfolg erreichte sie im Jahr 2000 mit der Goldmedaille im Einzelwettbewerb der Olympischen Spiele von Sydney. Im Jahr 2011 gewann die Sportlerin georgischer Herkunft mit Partnerin Jessica Simon die WM im Synchronwettbewerb. Weltmeisterin war sie zuvor schon 1998, ebenfalls im Synchronwettbewerb, sowie 2001 im Einzel.

»Das Sporthilfe Elite-Forum ist Motivation für die Sportler und bedeutet für mich Bildung, Unterstützung und Zusammenarbeit. Danke!«

Biografie

*1973 in Mzcheta/Georgien

Anna Dogonadze lebt in Bad Kreuznach und startet für den MTV Bad Kreuznach. Seit 1998 turnt sie für Deutschland. Zuvor war sie ab 1988 Mitglied der Jugendnationalmannschaft der Sowjetunion und 1992 erstmals Mannschafts-Weltmeisterin. Von 1992 bis 1997 turnte sie für Georgien. Anna Dogonadze ist Diplom-Sportlehrerin und Bürokauffrau.

Munkhbayar Dorjsuren

[Weltmeisterin
Sportschießen]

Mit Präzision zum Erfolg

Sie gewann 2008 in Peking als erste deutsche Pistolenschützin eine Olympiamedaille, Bronze mit der Sportpistole. Für Deutschland war sie 2002 Weltmeisterin mit der Sportpistole. Für ihr Geburtsland Mongolei hatte sie 1998 die Weltmeisterschaft mit der Luftpistole und 1992 bei den Olympischen Spielen in Barcelona die Bronzemedaille mit der Sportpistole gewonnen.

Biografie

*1969 in Ulan Bator/Mongolei

Munkhbayar Dorjsuren lebt in München. Ihr Verein ist die Schützengilde Frankfurt/Oder. Sie ist als Sport- und Fitness-Kauffrau sowie als Sport- und Gymnastiklehrerin ausgebildet.

»Dabei sein ist wissenswert: Nutze diese Chance, halte die Ohren steif, die Augen auf und traue dich, im Gespräch aktiv zu sein!«

Alfred Draxler

[Stellvertreter des Chefredakteurs BILD]

BILD im Blick

Von ihm erfuhren die Sportler: »Menschen sind an nichts anderem mehr interessiert als an Menschen«. Ohne Fußballer und Motorsportler, aber mit Ruderern, Seglern und Hockeyspielerinnen entwickelte sich ein angeregter Disput über die Sportberichterstattung in Deutschlands meist gelesener Zeitung. Der Zeitungsmacher verdeutlichte dabei, wieso die BILD-Zeitung so ist wie sie ist.

»Schlagzeilen müssen manchmal auch Schläge sein.«

Biografie

*1953 in Gelsenkirchen

Nach einem Studium der Geschichte und Germanistik an der Bochumer Ruhr-Universität fing Draxler 1978 als Redakteur bei BILD Kettwig und BILD am Sonntag an. Nach mehreren Stationen im Axel Springer Verlag wurde er 1992 Mitglied der BILD- und BILD-am-Sonntag-Chefredaktion. Lange Jahre war er Chef der Sportredaktion von BILD. Im November 2004 rückte Draxler zum Stellvertreter des BILD-Chefredakteurs auf.

Heide Ecker-Rosendahl

Das Gesicht der Spiele

1972 war sie das das deutsche »Gesicht« der Olympischen Spiele von München. Fast 40 Jahre später lauschten die Sportler aufmerksam den schönen wie traurigen Anekdoten »ihrer« Spiele. Es ging um den Anschlag palästinensischer Terroristen auf die israelische Mannschaft, um das Verhältnis zur Auswahl des anderen deutschen Staats, auch um ihre Siege im Weitsprung und mit der deutschen Sprintstaffel im legendären Duell gegen die Ostdeutsche Renate Stecher. Ein Abend, der mit Geschichte begann und in der Gegenwart endete.

»Der schwierige Kontakt zwischen den Athleten beider deutscher Staaten war ein trauriges Kapitel.«

Biografie

*1947 in Hückeswagen

1966 gewann Heide Rosendahl EM-Silber, 1969 brach die diplomierte Sportlehrerin den Weltrekord, 1971 folgte der EM-Titel, jeweils im Fünfkampf. 1972 der Karrierehöhepunkt in München: Sie holte im Weitsprung die erste olympische Goldmedaille für die BRD, gewann später Silber im Fünfkampf und verteidigte als Schlussläuferin der Sprintstaffel den Vorsprung gegen die DDR-Staffel zum Olympiasieg. Wie 1970 wurde sie zur Sportlerin des Jahres gewählt. 2011 erhielt sie die »Goldene Sportpyramide«. Heide Ecker-Rosendahl ist Mietglied der Hall of Fame des deutschen Sports.

Susi Erdmann

[Weltmeisterin
Rennrodeln/Bobsport]

Die Schnellste im Eiskanal

Drei Weltmeistertitel, 1989, 1991 und 1997, sowie zwei olympische Medaillen, 1992 Bronze und 1994 Silber, stehen als größte Erfolge für die Rodlerin Susi Erdmann zu Buche. Im Jahr 2000 wechselte sie als Pilotin in den Frauen-Zweierbob, gewann darin 2002 Olympiabronze sowie 2003 und 2004 den WM-Titel.

Sie war die erste Sport-Berufssoldatin der Bundeswehr.

Biografie

*1968 in Blankenburg

Susi Erdmann lebt in München. Sie besuchte die Kinder- und Jugendsportschule in Oberhof und war 1997 die erste Sport-Berufssoldatin der Bundeswehr. Heute ist sie Hauptfeldwebel.

Julia Franck

[Schriftstellerin]

Gefühlswelten

Als die Buchpreisträgerin aus ihrem Bestseller »Die Mittagsfrau« vorlas, war es mucksmäuschenstill. Alle waren beeindruckt von der Sprache, von der Schilderung von Gefühlen aus dem Sommer 1945 in Stettin. Dann wurde es lebendig, die gegenseitigen Fragen und Antworten nahmen kein Ende. Auch weil die Autorin von Erzählungen aus der Gefühlswelt der Sportler nicht genug bekommen konnte.

»Ungewöhnlich – wenn man sich plötzlich nicht nur über ›Themen‹, sondern auch über Raumorientierung, Zeit, Strecken, Volumen, Widerstände, Anspannung, Angst und Freude unterhält.«

Biografie

*1970 in Berlin

Julia Franck wurde mit ihrer Zwillingsschwester in Ost-Berlin geboren. 1978 reiste die Mutter mit ihren vier Töchtern in die Bundesrepublik aus und ließ sich nach neun Monaten Flüchtlingslager in Schleswig-Holstein nieder. 1983 zog Julia Franck allein zurück nach West-Berlin. Nach dem Abitur 1991 studierte sie Altamerikanistik, Literatur und Philosophie. 1997 veröffentlichte sie ihren Debütroman »Der neue Koch«, 2007 erschien der Roman »Die Mittagsfrau«, für den sie den Deutschen Buchpreis erhielt.

Dr. Hans-Peter Friedrich

[Bundesminister
des Inneren]

Am Menschen interessiert

Ihn fasziniert, wie Sportlerinnen und Sportler die duale Karriere meistern, wie der Spruch vom gesunden Geist im gesunden Körper unter Beweis gestellt wird und wie Menschen, »die in ihrem Fach absolute Weltspitze sind, absolut normal geblieben sind«. Von Amts wegen ist er »an den Menschen interessiert« – und am Gewinnen. »Aber nicht irgendwie, sondern fair«, rief er in die Runde.

»Vielen Dank für die Begegnung und die interessante Diskussion. Ich wünsche allen Sportlerinnen und Sportlern viel Freude und Erfolg im Sport, genauso wie im Beruf!«

Biografie

*1957 in Naila

Nach dem Studium der Rechts- und Wirtschaftswissenschaften trat Friedrich 1988 als Regierungsrat in den Dienst des Bundeswirtschaftsministeriums ein. Ab 1993 war er persönlicher Referent des CSU-Landesgruppenvorsitzenden Michael Glos. Seit 1998 ist er Mitglied des Deutschen Bundestags. Von 2005 bis 2011 war er stellvertretender Vorsitzender der CDU/CSU-Bundestagsfraktion. Seit März 2011 ist er Bundesminister des Innern.

Jan Frodeno

[Olympiasieger Triathlon]

Der strahlende Dreikämpfer

Mit seinem Sieg in Peking war er einer der strahlenden Helden der Olympischen Spiele von 2008. Zu seinen weiteren großen Erfolgen im Kurzdistanz-Wettbewerb aus Schwimmen, Radfahren und Laufen zählen die Weltcupsiege 2010 in Seoul und 2009 in Yokohama sowie der sechste Platz bei der WM 2007.

»Viele sehen vor lauter Netzen das gespannte Seil nicht.«

Biografie

*1981 in Köln

Jan Frodenos Karriere begann als Schwimmer in Südafrika, wo er zwischen 1992 und 2004 in Kapstadt aufwuchs. Fasziniert vom olympischen Triathlon 2000 in Sydney entdeckte er eine neue Leidenschaft. Seit 2004 lebt er in Saarbrücken und ist Triathlon-Profi. Er startet für den Verein LAZ Saarbrücken.

Helena Fromm

[Europameisterin Taekwondo]

Mit Schlägen und Tritten nach vorne
Sie ist die erfolgreichste deutsche Taekwondo-Kämpferin. Neben dem EM-Titel 2008 gewann die Weltergewichtlerin (bis 67 Kilogramm) zwei Bronzemedaillen bei den Weltmeisterschaften 2007 und 2011 sowie Gold bei den Militär-Weltmeisterschaften 2008 und 2010.

»Es warten noch viele Herausforderungen auf mich, aber ich versuche stets positiv nach vorne zu schauen, um meine Ziele zu erreichen.«

Biografie

*1987 in Oeventrop

Helena Fromms Heimatort ist Oeventrop, ein Stadtteil von Arnsberg im Sauerland. Sie trainiert in Sonthofen und in Iserlohn, kämpft für den PSV Eichstätt, ist seit 2007 Sportsoldatin und studiert Internationales Management für Spitzensportler an der FH Ansbach.

Hans Wilhelm Gäb

[Ehrenvorsitzender des Aufsichtsrats der Stiftung Deutsche Sporthilfe]

Im Werte-Dialog

Es war ein Dialog über sein Thema: Werte des Sports. Leistung, Fairplay und Miteinander und ihre Bedeutung für Wirtschaft, Medien und Sport. Ein Fazit: Die Wirtschaft erkenne die politische Bedeutung des Sports noch immer nicht richtig. Ein anderes: Medien simplifizierten zu stark. Beispiele aus dem Sportalltag gäbe es genug. Der frühere Sporthilfe-Chef ermahnte die Athleten auch: »Eine Vorbildfunktion fängt nicht erst mit dem Olympiasieg an.«

»Das Sporthilfe Elite-Forum bringt Menschen zusammen, die sich sonst nie begegnet wären.«

Biografie

*1936 in Düsseldorf

Nach seiner Tätigkeit als Journalist und Redakteur arbeitete Gäb ab 1973 in Vorstandspositionen für Ford, Opel und General Motors Europe. Als Präsident des Deutschen Tischtennis-Bundes und in Führungen weiterer Sportorganisationen engagierte sich der frühere Nationalspieler für den Sport. 1994 rettete eine Lebertransplantation sein Leben. Später gründete er die Vereine Sportler für Organspende und Kinderhilfe Organtransplantation. Von 2005 bis 2007 war er Vorsitzender der Sporthilfe.

Prof. Dr. Gunter Gebauer

[Professor für Philosophie und Sportsoziologie an der Freien Universität Berlin]

Philosophische Betrachtungen

Der Philosoph fühlte sich wohl im Kreis von Spitzenathleten. Das beruhte auf Gegenseitigkeit – die Diskussion um das »Kulturgut« Sport geriet lebendig. Ausgangspunkt war Gebauers These von drei alleinigen Eigenschaften des Sports, die aus der griechischen Antike

»Zwei schöne Stunden im Kreis der aufgeweckten, interessanten Persönlichkeiten, die hier die deutsche Sportelite vertreten haben.«

bekannt sind: Gleichheit (jeder hat die dieselben Ausgangschancen), Individualismus (es kommt auf den Einzelnen an) und Freiheit (jeder kann den Sport ausüben, den er möchte). Eine Erkenntnis des philosophischen Dialogs: Sportkarrieren sind ein Drama wie das Leben – mit einer symbolischen Geburt und dem symbolischen Tod.

Biografie

*1944 in Timmendorfer Strand

Gebauer studierte Philosophie, Linguistik, Sport sowie Allgemeine und Vergleichende Literaturwissenschaften in Kiel, Mainz und Berlin. Von 1969 bis 1975 war er Assistent am Institut für Philosophie in Karlsruhe. Seit 1978 hat er die Professur für Philosophie und Sportsoziologie an der Freien Universität Berlin. Gebauer taucht immer wieder mit Beiträgen zum Sport in den Medien auf und forscht zur gesellschaftlichen Wirkung von Sportgroßereignissen.

Marcel Hacker

[Weltmeister Rudern]

Allein erfolgreich im Boot

Mit der Bronzemedaille bei den Olympischen Spielen 2000 in Sydney und dem Gewinn der Weltmeisterschaft 2002 gehört er zu den erfolgreichsten deutschen Ruderern im Einer. In den Jahren 2003 und 2006 belegte er bei den Weltmeisterschaften zweite Plätze, 2009 gewann er WM-Bronze im Doppelvierer.

»Ich habe mitgenommen: Bleibe du selbst, glaube an dich und verkaufe dich als Marke.«

Biografie

*1977 in Magdeburg

Marcel Hacker lebt in Blankenburg/Harz. Er startet für die Frankfurter Rudergesellschaft Germania und ist als Industriemechaniker bei der Deutschen Bahn AG angestellt.

Herbert Hainer

[Vorstandsvorsitzender Adidas]

Das Herz der Marke

Für Herbert Hainer ist der Sportartikelhersteller Adidas »die olympische Marke schlechthin«. Der Vorstandsvorsitzende unterstrich das mit Fakten: Für fast alle Sportarten der Olympischen Sommerspiele produziert der Weltkonzern, sogar Segelschuhe. Nur den Reitsport überlässt er Fachanbietern. »Unser Grundverständnis ist es, allen Olympiaathleten Produkte anzubieten. Das ist Herz und Seele unseres Unternehmens.«

»Wenn Sie eine Zukunft haben wollen, müssen Sie eine Geschichte haben.«

Biografie:

*1954 in Dingolfing

Nach dem Studium zum Diplom-Betriebswirt wurde Hainer 1979 Verkaufs- und Marketingmanager beim Konsumgüterkonzern Procter & Gamble. 1987 wechselte er zu Adidas Deutschland. Nach der Tätigkeit als Vertriebsdirektor war er von 1993 bis 1995 Geschäftsführer für Verkauf und Logistik. Von 1996 bis 1997 arbeitete er als Senior Vice President Europa, Afrika, Mittlerer Osten. 1997 wurde Hainer Mitglied des Vorstands und im März 2001 Vorstandsvorsitzender der Adidas AG.

Prof. Monika Harms

[Generalbundesanwältin a.D.]

Recht und Glück

RAF, Deutscher Herbst, der Mord an ihrem Vorgänger Siegfried Buback. Der 11. September, Terrorismus. Telefonüberwachung und Vorratsdatenspeicherung. Die frühere Generalbundesanwältin erzählte am Kamin zu großen Themen viele kleine Geschichten. Auch zum Glück. In ihrer Karriere habe sie es gehabt: »Das ist wie bei den Olympischen Spielen. Da kommt auch nicht jeder hin, der schnell laufen oder weit hüpfen kann.«

»Ein spannender und interessanter Abend, vielleicht sehen wir uns an diesem schönen Ort einmal wieder, es würde mich sehr freuen!«

Biografie:

*1946 in Berlin

Nach dem Studium der Rechtswissenschaften in Heidelberg und Hamburg und den beiden Staatsexamen arbeitete sie von 1974 bis 1980 in Hamburg als Staatsanwältin für Wirtschaftsstrafsachen, anschließend als Richterin am Landgericht und am Finanzgericht der Hansestadt. 1987 wurde sie Richterin am Bundesgerichtshof, 1999 Vorsitzende des fünften Strafsenats und im Juni 2006 Generalbundesanwältin. Mit Erreichen des 65. Lebensjahrs schied sie im September 2011 aus.

Klaus Harpprecht

[Journalist und Autor]

Geschichte und Geschichten

Er erlebte den Journalismus in der Zeit des Kalten Krieges, war Korrespondent in Washington, leitete einen Verlag, war Redenschreiber für Bundeskanzler Willy Brandt und hat eine 2000-Seiten-Biografie über Thomas Mann verfasst. Seine Erzählungen fesselten. Ob die vom »Büronachbar«, dem Kanzleramtsspion Guillaume, die von der Begegnung

»Danke für einen schönen Abend unter sehr sympathischen jungen (vielmehr ganz jungen) Zeitgenossen.«

mit dem jungen Offizier Saddam Hussein oder die von Brandts Kniefall in Warschau. Er fabuliert prägnant und mit Stil. Dass er mit dem Preis für Sprachkultur ausgezeichnet wurde, ebenso mit dem Wächterpreis der Tagespresse, behält der Grandseigneur gern für sich – es gibt so viel Anderes zu erzählen.

Biografie:

*1927 in Stuttgart

1945 lernte Harpprecht den Krieg noch als Soldat kennen. Danach wandte er sich dem Journalismus zu, zunächst bei der Wochenzeitung »Christ und Welt«, später beim Sender Freies Berlin und beim WDR in Berlin und Bonn, schließlich als ZDF-Korrespondent in Washington. Von 1966 bis 1969 leitete er den Fischer-Verlag in Frankfurt. In den Jahren 1972 bis 1974 arbeitete er als Redenschreiber für Bundeskanzler Willy Brandt. Seit 1982 lebt Harpprecht als freier Autor in Frankreich.

Prof. Dr. Gertrud Höhler

[Publizistin und Beraterin für Politik und Wirtschaft]

Blick für die eigenen Stärken

Es wurde ein leidenschaftliches Plädoyer. Schon die Stimme, eindringlich und überzeugend, signalisierte Zielstrebigkeit. Die Sportler staunten. »In allen meinen Büchern«, hörten sie, »kommt der Sport als Beispiel für einfache Zugänge zu Höchstleistung und Lusterlebnis vor«. Der Leistungssport lehre Dinge, die anderen Menschen, auch Managern,

»Weiß der Sportler, dass er einen Vorsprung hat? Er bringt eine fantastische Grundausstattung mit.«

nur schwer beizubringen seien. Das sei indes noch nicht überall angekommen. Deshalb der Tipp der Unternehmensberaterin: »Helft eurem künftigen Chef zu begreifen, was er bekommt, er kann es nicht wissen. Am besten ihr nehmt die Medaillen zum Vorstellungsgespräch mit und lasst sie in der Tasche klappern.«

Biografie:

*1941 in Wuppertal

Gertrud Höhler studierte Germanistik und Kunstgeschichte in Bonn, Berlin, Zürich und Mannheim. Von 1967 bis 1972 war sie Assistentin am Lehrstuhl für Literaturgeschichte der Universität Mannheim. 1976 wurde sie Professorin für Allgemeine Literaturwissenschaft und Germanistik an der Universität Paderborn. Seit vielen Jahren ist sie als Beraterin in Wirtschaft und Politik tätig und als Bestsellerautorin bekannt.

Prof. Jürgen Hubbert

Ein Mutmacher

Der langjährige Mercedes-Chef nimmt sich immer wieder Zeit für die Athleten. Er spricht dann über die Zukunft der Mobilität, über Klimawandel und Wasserstoff, über Navigationssysteme und natürlich übers Auto überhaupt. Und der frühere Hürdenläufer macht Mut: Sportler seien junge Menschen, die sich »unglaublich für ein Ziel einsetzen, das ein wesentlicher Teil unserer Gesellschaft ist«.

»Das Sporthilfe Elite-Forum ist ein einzigartiges Medium zum Austausch zwischen Leistungsträgern aus unterschiedlichen gesellschaftlichen Bereichen geworden.«

Biografie:

*1939 in Hagen

Das Studium in Stuttgart schloss Hubbert 1965 als Diplom-Ingenieur ab. Er trat in die Daimler-Benz AG ein, wo er in Sindelfingen später für die Konzernplanung verantwortlich war. Ab 1987 hatte er die Verantwortung für Mercedes, ab 1989 als Mitglied des Vorstands, von 1998 bis 2004 als Chef der Mercedes Car Group. Von 1998 bis April 2005 war er zugleich Vorstand der DaimlerChrysler AG. Er war von 2001 bis 2011 Vorsitzender des Sporthilfe-Stiftungsrats, zeitweise Vorsitzender des Aufsichtsrats und ist heute dessen Ehrenvorsitzender.

Anja Huber

[Weltmeisterin Skeleton]

Kopfüber in den Eiskanal

Sie gehört zu den erfolgreichsten deutschen Skeleton-Pilotinnen. Sie rast mit über 140 Kilometer in der Stunde und mit dem Kopf voran den Eiskanal hinunter und war in dieser Disziplin 2010 Olympiadritte in Vancouver, 2008 Weltmeisterin sowie 2007, 2008 und 2010 Europameisterin.

»Die Umgebung und die Veranstaltung hinterlassen einen bleibenden Eindruck.«

Biografie:

*1983 in Berchtesgaden

Anja Huber lebt in Schönau am Königssee und startet für den Rodelclub Berchtesgaden. Sie ist Diplom-Betriebswirtin im Fach Sportmanagement.

Björn Hübner, Johannes Klebes,
Max Hartung, Nicolas Limbach

[EM-Dritter, Junioren-
Europameister, Junioren-
Weltmeister, Weltmeister
Fechten]

Die Säbel-Könner

Die halbe Nationalmannschaft im Säbelfechten: Nicolas Limbach ist der erfolgreichste deutsche Akteur, Weltmeister des Jahres 2009 und WM-Zweiter
der Jahre 2010 und 2012. Max Hartung
war 2009 Junioren-Weltmeister und
2011 Dritter der Europameisterschaften.
Björn Hübner ist der EM-Dritte des Jahres 2009, Johannes Klebes war 2010 mit
der Säbelmannschaft WM-Fünfter.

Die halbe Nationalmannschaft im Säbelfechten.

Biografie:

*1986 in Tauberbischofsheim
*1986 in Tauberbischofsheim
*1989 in Dormagen
*1985 in Eupen

Nicolas Limbach und Max Hartung
leben in Dormagen und treten für
den TSV Bayer Dormagen an.
Limbach studiert International
Management, Hartung ist Sportsoldat. Björn Hübner und Johannes
Klebes kommen aus der Fechthoch-
burg Tauberbischofsheim und sind
Sportsoldaten.

Tatjana Hüfner

[Olympiasiegerin
Rennrodeln]

Die schnellste Schlittenfahrerin

Sie ist eine der erfolgreichsten Renn-
rodlerinnen der Welt und die erste Frau,
die fünfmal hintereinander den Gesamt-
weltcup (2007/08 bis 2011/12) gewann.
Bei Olympischen Spielen holte sie 2010
in Vancouver die Goldmedaille, 2006 in
Turin Bronze. Bei Weltmeisterschaften
war sie 2007, 2008, 2011 und 2012 die
Titelträgerin.

»Vielen Dank für vier sehr spannende Tage
mit sehr interessanten Leuten.«

Biografie:

*1983 in Neuruppin

Tatjana Hüfner lebt in Blanken-
burg/Harz. Seit 2011 startet sie für
den BRC 05 Friedrichroda. Sie ist
Sportsoldatin (Hauptfeldwebel) in
der Sportfördergruppe der Bundeswehr in Oberhof, hat sich in einem
Fernstudium zur Psychologischen
Beraterin weitergebildet und
studiert seit März »Pädagogik der
Kindheit« an der Fachhochschule
Erfurt.

Beeke Kaack & Ingrid Klimke

[Europameisterin und
Olympiasiegerin
Vielseitigkeitsreiten]

Vielseitig auf dem Pferd

Ingrid Klimke gehörte bei den Olympischen Spielen 2008 zur deutschen Equipe, die Mannschafts-Gold in der Vielseitigkeitsprüfung aus Dressur, Geländeritt und Springen holte. Weitere große Erfolge sind Gold mit der Mannschaft bei den Weltreiterspielen 2006, die Bronzemedaille im Einzel bei den Europameisterschaften 2005 und EM-Gold

»Es war eine Erfahrung fürs Leben. Toll.« (Ingrid Klimke)

mit der Mannschaft 2011. Beeke Kaack hat auch im Stall von Ingrid Klimke gelernt und möchte als Mannschafts-Europameisterin der Ländlichen Reiter (2002) in die Fußstapfen des Vorbilds treten.

Biografie:

*1978 in Preetz
*1968 in Münster

Ingrid Klimke lebt in Münster. Sie absolvierte eine Lehre zur Bankkauffrau, hat das Erste Staatsexamen Primarstufe und ist Pferdewirtschaftsmeisterin. Sie betreibt einen Turnierstall und bildet junge Pferde bis zur Championatsreife aus. Sie ist die Tochter des sechsfachen Dressur-Olympiasiegers Dr. Reiner Klimke. Beeke Kaack lebt in Schmalensee in Schleswig-Holstein. Sie ist Sportsoldatin und Pferdewirtin.

Natascha Keller

[Olympiasiegerin Hockey]

Die Rekordfrau des Hockeysports

Sie ist deutsche Rekordnationalspielerin, Olympiasiegerin von 2004, mehrfache Europameisterin und Medaillengewinnerin bei Weltmeisterschaften. Und sie stammt aus der bekanntesten deutschen Hockeyfamilie: Vater Carsten (1972) und die Brüder Andreas (1992) und Florian (2008) sind ebenso Olympiasieger, Großvater Erwin war 1936 Silbermedaillengewinner.

»Alle Referenten haben meinen Horizont erweitert und mir Denkanstöße in viele Richtungen gegeben.«

Biografie:

*1977 in Berlin

Natascha Keller lebt in Berlin und ist Diplom-Betriebswirtin. Ihr Verein ist der Berliner Hockey-Club. Für ihre sportlichen Erfolge ist sie vielfach ausgezeichnet worden, unter anderem 2011 mit dem Goldenen Band der Berliner Sportpresse, der ältesten Sportauszeichnung Deutschlands, und 1999 als Welthockeyspielerin des Jahres.

Friederike Kempter

[Schauspielerin]

Von allem etwas

Interessantes über eine ganze andere Arbeitswelt: Im Tatort aus Münster
spielt sie die Kommissarsanwärterin
Nadeshda. Sie erzählte in Liebenberg
vom Spannungsfeld am Set, von der
schwierigen sozialen Absicherung und
auch vom Lampenfieber.

»Wir Schauspieler können von allem etwas,
    aber nichts richtig.«

Biografie:

*1979 in Stuttgart

Von 2003 bis 2006 absolvierte
Friederike Kempter eine Ausbildung an der Schauspielschule
»Der Kreis« (Fritz-Kirchhoff-Schule)
in Berlin. Seit 2000 bekommt sie
regelmäßig Aufträge für TV- und
Kinofilme. Bekannt wurde sie 2001
durch den TV-Spielfilm »Zwei vom
Blitz getroffen«, in dem sie eine
Hauptrolle hatte. In den Folgen
des Tatorts aus Münster spielt sie
eine Kommissarsanwärterin.

Werner E. Klatten

[Vorsitzender des Aufsichtsrats der Stiftung Deutsche Sporthilfe]

Streifzug durchs Berufsleben

Es war ein Streifzug durch ein spannendes wie erfolgreiches Berufsleben. Er war Manager, dann Chef in der Tabakindustrie. Er führte den TV-Sender Sat.1 zu fast 15 Prozent Marktanteil, half dem »Spiegel« in schwieriger Zeit, übernahm ein großes Medienunternehmen und stieg in die Sportvermarktung ein. Dennoch sagte der Rechtsanwalt, der gerne Schauspieler geworden wäre: »Die größten Fortschritte habe ich nach Niederlagen gemacht.«

»Es gibt keine geplanten Karrieren, sondern man kann Karrieren allenfalls hinterher eine Linie geben.«

Biografie:

*1945 in Esslingen

Der Jurist leitete ab 1977 die Rechtsabteilung der Martin Brinkmann AG in Bremen. Ab 1984 war er Vorstand für Marketing, ab 1985 Vorstandsvorsitzender sowie Geschäftsführer bei der Mutter Rothmans. 1988 stieg er als Vorsitzender der Geschäftsführung von Sat.1 in die Medienindustrie ein. Bei Sat.1 holte er die Übertragungsrechte an der Fußball-Bundesliga, 2001 wurde er Vorstandsvorsitzender der EM.Sport Media AG. Ende 2008 übernahm er den Vorsitz des Sporthilfe-Vorstands, 2010 wechselte er an die Spitze des Aufsichtsrats.

Hilmar Kopper

[Ehemaliger Vorstandssprecher Deutsche Bank]

»Elite kann sich nur herausbilden, wenn sie auch gefördert wird.«

Vom Sagen und Spielen

Seine Anekdoten aus dem Leben beeindruckten, genauso bemerkenswerte Sätze wie dieser: »Es gilt heute als smart, viel zu reden und wenig zu sagen.« Er erzählte vor den Sportlern auch von seinen Anfängen in der Nachkriegszeit und dem jungen Tischtennisspieler Kopper, der mit dem Sport sogar Geld verdiente.

Biografie:

*1935 in Oslanin

Nach dem Abitur begann Kopper 1954 in Köln eine Banklehre. Erfahrungen im Ausland sammelte er in New York, wohin ihn die Deutsche Bank 1957 entsendete. Nach der Rückkehr arbeitete er in der Düsseldorfer Zentrale, wechselte 1960 nach Leverkusen und übernahm 1969 die Leitung der Filiale. 1975 folgte die Berufung zum Generalbevollmächtigten der Deutschen Bank. 1977 rückte er in den Vorstand auf und war von 1989 bis 1997 dessen Sprecher. Danach war er bis Mai 2002 Vorsitzender des Aufsichtsrats.

Annike Krahn

[Weltmeisterin Fußball]

Die Abwehrchefin

Die Innenverteidigerin gewann 2007 mit der Nationalmannschaft in China den WM-Titel, ein Jahr später bei den Olympischen Spielen in Peking die Bronzemedaille und 2009 in Finnland die Europameisterschaft. Mit ihrem Verein FCR 2001 Duisburg holte sie 2009 den Uefa-Cup sowie 2009 und 2010 den DFB-Pokal.

Biografie:

*1985 in Bochum

Annike Krahn lebt in Bochum und spielt für den FCR 2001 Duisburg. Sie ist Diplom-Sportwissenschaftlerin mit Schwerpunkt Sportmanagement.

»Vielen Dank für die intensive Horizonterweiterung. Ich nehme aus den Gesprächen mit anderen Sportlern und den Referenten sehr viel mit.«

Hanka Kupfernagel

Alleskönnerin auf dem Rad

Sie gehört zu den erfolgreichsten Radsportlerinnen aller Zeiten. Bei den Olympischen Spielen 2000 in Sydney gewann sie die Silbermedaille im Straßenrennen, 2008 siegte sie bei der Weltmeisterschaft im Einzelzeitfahren,

»Die Begegnung mit Kunststudenten war sehr speziell, man muss dabei gewesen sein. Bisher kannte ich so etwas nur aus Film und Fernsehen.«

im Radcross holte sie 2000, 2001, 2005 und 2008 die WM-Titel und wurde 2002, 2003, 2006 und 2009 WM-Zweite. Kaum zu zählen sind ihre nationalen Titel, ob auf der Straße, im Zeitfahren, im Radcross oder mit dem Mountainbike gewonnen.

Biografie:

*1974 in Gera

Hanka Kupfernagel lebt in Staufen im Breisgau. Sie wuchs in Thüringen auf, begann in einer Betriebssportgemeinschaft mit dem Radsport, bevor sie zum DDR-Leistungszentrum nach Gera wechselte. Heute fährt sie als Profisportlerin für das russische Rusvelo-Team.

Thilo Kuther

[Gründer und Geschäfts-
führer Pixomondo Studios]

Die neue Bilderwelt

Er entführte in die Welt computergenerierter Bilder. Begonnen hat alles im
kleinen Pfungstadt. Heute hat das von
ihm gegründete Unternehmen weltweit
Studios und Großkonzerne lassen ihre
Werbung und visuelle Effekte hier pro-
duzieren. Auch Hollywood ruft: 2012 gab
es einen Oscar für die Effekte in dem
3D-Film »Hugo Cabret«.

»Unsere Karriere begann zu Hause im Keller
mit besessenen Autodidakten.«

Biografie:

*1964 in Pfungstadt

Nach dem Abitur wandte sich
Kuther 1984 dem Industriedesign
zu. Nach Auslandsaufenthalten in
London und Los Angeles gründete
er ein Unternehmen für die digita-
le Entwicklung von Produktinsze-
nierungen und Ausstellungsde-
signs. Im Mai 2001 gründete er die
Pixomondo Studios, er entwickelte
den Bereich computergenerierter
Bilder und visueller Effekte weiter
und arbeitete für Großunter-
nehmen wie Porsche, Siemens,
Bertelsmann oder Volkswagen.
Nach und nach entstanden Depen-
dancen auf der ganzen Welt.

André Lange

[Olympiasieger Bobsport]

Der beste Pilot

Er ist mit vier Olympiasiegen in den Jahren 2002, 2006 und 2010 der erfolgreichste Bobpilot der Welt. Bei Welt- und Europameisterschaften siegte er jeweils achtmal. 2010 war er bei den Olympischen Spielen in Vancouver Fahnenträger für Deutschland.

»Es ist interessant, Dinge aus Sicht von Politikern oder von Wirtschaftsfachleuten zu betrachten und auch zu sehen, wie sich deren Karrieren entwickelt haben.«

Biografie:

*1973 in Ilmenau

André Lange lebt in Oberhof. Er begann als Achtjähriger mit dem Rennrodeln und wechselte 1993 zum Bobsport. Lange war Sportsoldat im Dienstgrad eines Hauptfeldwebels und startete für den BSR Rennsteig Oberhof. Im August 2009 wurde er zum Berufssoldaten ernannt. Bei den Olympischen Jugendspielen 2012 in Innsbruck war er Teamleiter für Bob, Skeleton und Rodeln.

Maximilian Levy

[Weltmeister
Bahnradsport]

Der Kampfsprinter

Er gehört zu den weltbesten Bahnrad-sportlern. Bei Weltmeisterschaften ge-wann er im »Kampfsprint« Keirin 2009 den Titel, 2010 Bronze und 2012 Silber. Im Teamsprint war er in den Jahren 2010 und 2011 Weltmeister und fuhr bei den Olympischen Spielen 2008 in Peking zur Bronzemedaille.

»Ein sehr aufregendes Treffen mit interessanten Menschen, das den Horizont erweitert!«

Biografie:

*1987 in Berlin

Maximilian Levy lebt in Cottbus, sein Verein ist der Radsportclub Cottbus. Er gehört zum professio-nellen Bahnrad-Team Erdgas 2012 und ist Industriekaufmann. Die Sporthilfe wählte ihn 2005 zum Juniorsportler des Jahres.

Léa Linster

[Spitzenköchin
aus Luxemburg]

Fettreduzierte Crème brûlée

Was haben Spitzensportler und eine Spitzenköchin gemeinsam? Für die Kochkünstlerin war die Antwort eindeutig: Dass sie ständig danach streben, besser zu werden. Nicht ganz einig war man sich beim Fettanteil der Zutaten. Die gemeinsam in der Seehaus-Küche zubereitete Crème brûlée war jedenfalls trotz fettreduzierter Sahne vom Allerfeinsten.

»Es war wunderschön mit Euch auf Schloss & Gut Liebenberg. Herzlichen Dank für die Einladung und für die schöne Zeit zusammen. Bis bald und viel Freude und Erfolg mit allem.«

Biografie:

*1955 in Frisange

Zunächst studierte Léa Linster Jura. Nach dem Tod des Vaters übernahm sie dessen Gasthaus, das sie ab 1982 zu einem Spitzenrestaurant ausbaute. 1987 erhielt sie ihren ersten Michelin-Stern, 1989 erkochte sie als erste Frau den »Bocuse d'Or«, die höchste Auszeichnung für Köche. Der Gault Millau bewertet sie mit 18 von 20 Punkten und kürte sie 2009 zum »Chef des Jahres«. Inzwischen betreibt sie zwei weitere gastronomische Betriebe.

Henry Maske

»Was kann ich schreiben nach diesen so schnell vergangenen zwei Stunden?
Es war mir eine Ehre, vor diesen so elitären Zuhörern einiges aus meiner Vergangenheit zu
erzählen. Nervosität ist gewichen, Wohlfühlgefühl hat sich eingestellt. Vielen Dank.«

[Box-Legende und
Unternehmer]

Ein Gänsehaut-Abend

Hinterher war allen klar, wieso er der »Gentleman« ist. Am Kamin des Seehauses wollte er schlicht mit »Henry« begrüßt werden. Er gab sich bescheiden, zuvorkommend, hatte Zeit und ruhte in sich. Dennoch: Nervös sei er vor diesem Auftritt gewesen, sagte der Mann, der vor 18 Millionen TV-Zuschauern geboxt hat, nach zwei besonderen Stunden.

Unter Sportlern fühlt er sich zu Hause und doch beobachtet. Er sprach mit ruhiger Stimme, um ihn schwieg alles. Nur der Fußboden knarrte. Er erzählte von seinem Comeback-Kampf 2007, auf den er sich nach zehn Jahren Pause 55 Wochen lang vorbereitete. Viele bekamen dabei Gänsehaut.

Biografie:

*1964 in Treuenbrietzen

Nachdem Maske 1988 Olympiasieger und 1989 Amateur-Weltmeister geworden war, wechselte er nach der Wende ins Profi-Lager. 1993 gewann er den WM-Titel und verteidigte ihn zehn Mal. Der Sportler des Jahres 1993 stand im März 2007 noch einmal im Ring und besiegte Weltmeister Virgil Hill, der ihm die einzige Profi-Niederlage beschert hatte. Er ist Mitglied der Hall of Fame des deutschen Sports und heute erfolgreicher Betreiber von Schnell-Restaurants.

Katrin Mattscherodt

[Olympiasiegerin Eisschnelllauf]

Eine sieggekrönte Gleiterin

Ihr größter Erfolg ist die Goldmedaille in der Teamverfolgung bei den Olympischen Spielen 2010 in Vancouver. Sie ist Spezialistin für Mittel- und Langstrecken und belegte bei den Weltmeisterschaften im Mehrkampf 2010 den zehnten Platz.

»Trotz zahlreicher, teilweise auch recht langwieriger Verletzungen habe ich mich immer weiter entwickelt.«

Biografie:

*1981 in Berlin

Katrin Mattscherodt lebt in Berlin und startet für den Eissportverein Berlin 08. Sie ist Betriebswirtin und Sportsoldatin bei der Bundeswehr.

Helge Meeuw

Der Rückenspezialist

Seine größten Erfolge gelangen ihm im Rückenstil: Europameister 2006 über 50 Meter, WM-Silber 2009 und EM-Silber 2012 über 100 Meter. Mit den deutschen Lagenstaffeln schwamm er bei den Olympischen Spielen 2004 in Athen sowie bei den Weltmeisterschaften 2009 in Rom zu Silber.

»Ein tolles Haus mit tollen Erfahrungen.«

Biografie:

*1984 in Wiesbaden

Helge Meeuw lebt in Magdeburg, schwimmt für den SC Magdeburg und studiert Medizin. Seine Eltern waren ebenfalls Schwimmsportler und Olympiamedaillengewinner. Meeuw ist mit der früheren Schwimm-Weltmeisterin Antje Buschschulte verheiratet.

Niklas Meinert

[Olympiasieger Hockey]

Ein Hockey-Star

Als Olympiasieger von 2008 und Weltmeister des Jahres 2006 hat er im Hockeysport alles erreicht. In Peking gab der 137-fache Nationalspieler die Vorlage zum 1:0-Siegtor im Finale gegen Spanien.

»Eine unglaubliche Menge an vielfältigen Eindrücken.«

Biografie:

*1981 in Bad Kreuznach

Niklas Meinert lebt in Mannheim und spielt in der Bundesliga für den Mannheimer HC. Er ist diplomierter Wirtschaftsinformatiker.

Dr. Ulf Merbold

[Raumfahrer und Physiker]

Das Leben im All

Eine am Stuttgarter Hauptbahnhof gekaufte FAZ brachte sein Leben in eine andere »Umlaufbahn«. Er bewarb sich auf eine Stellenanzeige, in der Astronauten gesucht wurden. Der Rest ist Geschichte: Bei drei Raumflügen lebte und forschte er 50 Tage im All. Seine Erinnerungen füllen Abende. In Liebenberg war Zeit für einen. Es ging um wissenschaftliche Fragen, auch um Gefühle

»Mit besten Wünschen für das Sporthilfe Elite-Forum.«

beim Raumflug. Leidenschaftlich war sein Plädoyer für den Planeten: »Wie dünn und zerbrechlich die Atmosphäre aus dem All aussieht. Wir sollten unseren Komfort zurücknehmen, damit die Erde keinen Schaden nimmt.«

Biografie:

*1941 in Greiz

Nach dem DDR-Abitur wurde Merbold verwehrt, Physik zu studieren – er war kein Parteimitglied. 1960 ging er über die offene Grenze in den Westen. Er schloss in Stuttgart das Physikstudium ab, promovierte 1976 und bewarb sich bei der Europäischen Weltraumorganisation ESA als Astronaut. 1983 startete er mit dem US-Space-Shuttle als erster Westdeutscher ins All. Zwei weitere Male forschte er im Weltraum: 1992 an Bord der Raumfähre Discovery, 1994 einen Monat lang auf der russischen Raumstation Mir.

Prof. Dr. Jürgen Mlynek

[Physiker, Präsident der Helmholtz-Gemeinschaft]

Liebenberg erforscht

Der Forscher berichtete den Sportlern von neuen Ansätzen im Talentmanagement und von Unterschieden in den Bildungssystemen Deutschlands und der USA. Dabei wurde er zum Liebenberg-Fan. Seit dem Besuch des Präsidenten tagt im Schloss auch die Helmholtz-Gemeinschaft, mit fast 34.000 Mitarbeitern in 18 Forschungszentren die größte Wissenschaftsorganisation Deutschlands.

»Jede Gesellschaft braucht Eliten, die für Leistung und Verantwortung stehen. Das gilt auch für den besonders öffentlichkeitswirksamen Bereich Sport.«

Biografie:

*1951 in Gronau

Mlynek studierte Physik in Hannover und Paris, promovierte 1979 und habilitierte 1984. Nach einem Forschungsaufenthalt in den USA wechselte er als Assistenz-Professor nach Zürich. 1990 ging er als Professor für Experimentalphysik nach Konstanz. Nach zehn Jahren Forschung und Lehre in Quantenoptik, Atomphysik und Oberflächenphysik zog es ihn ins Forschungsmanagement: Er war Vizepräsident der Deutschen Forschungsgemeinschaft, Präsident der Humboldt-Universität zu Berlin und ist seit September 2005 Präsident der Helmholtz-Gemeinschaft.

Steffi Nerius

[Weltmeisterin Speerwurf]

Eine unserer großen Leichtathletinnen
Zum Karriereabschluss WM-Gold: Das gelang ihr 2009 bei den Leichtathletik-Weltmeisterschaften in Berlin. In den Jahren 2003, 2005 und 2007 hatte sie jeweils WM-Bronze gewonnen. Bei Olympischen Spielen erreichte sie 2004 in Athen die Silbermedaille, bei Europameisterschaften 2006 Gold und 2002 Silber.

Zum Karriereabschluss WM-Gold.

Biografie:

*1972 in Bergen auf Rügen

Steffi Nerius lebt in Leverkusen. Bei ihrem Verein TSV Bayer 04 Leverkusen arbeitet die Diplom-Sportlehrerin als Leichtathletik-Trainerin der Behindertensportler. Für ihre Erfolge ist sie vielfach ausgezeichnet worden, unter anderem 2007 mit dem Goldenen Band der Berliner Sportpresse, der ältesten Sportauszeichnung Deutschlands, und 2009 als Sportlerin des Jahres.

Günter Netzer

[Fußball-Welt- und Europameister, Medienunter-
nehmer, Sportkommentator]

Ein Fußball-König

Mit der Nationalmannschaft, Borussia Mönchengladbach und Real Madrid sammelte er Titel, mit dem Handel von Fernsehrechten erreichte er Macht und zusammen mit Gerhard Delling erhielt er den Grimme-Preis. Seine Erfahrungen gab er bereitwillig weiter. Der Fußball-König war als Gesprächspartner ein Volltreffer.

»Der Fußball dominiert alles. Sie tun mir leid für das, was Sie leisten und was Sie dafür bekommen.«

Biografie:

*1944 in Mönchengladbach

Seine Karriere startete Netzer 1965 bei Borussia Mönchengladbach. 1970 und 1971 wurde er Deutscher Meister, 1973 Pokalsieger. Mit Real Madrid gewann er danach je zweimal spanische Meisterschaft und Pokal. Mit der Nationalmannschaft war er 1972 Europa- und 1974 Weltmeister. Von 1978 bis 1986 war er Manager beim Hamburger SV, der in dieser Zeit drei Meisterschaften und den Europapokal holte. Netzer handelte mit TV-Rechten, ist Executive Director einer Sportrechte-Agentur und betätigte sich als ARD-Kommentator.

Christian Neureuther & Rosi Mittermaier

[Weltcup-Sieger und Olympiasiegerin Ski alpin]

Rat vom Traumpaar

Sie sind ein »Traumpaar« des deutschen Sports und wegen ihrer Erfolge, ihres Familienlebens und ihres sozialen Engagements Vorbild für viele. Sie kennen sich seit 1966 und schrieben den Teilnehmern bei ihren Besuchen prägnante Sätze ins Gedächtnis. Ein Ratschlag: »Ihr müsst ein Netzwerk haben. Ohne geht in unserer Gesellschaft gar nichts.«

»Der Sport ist eine der wichtigsten Säulen der Gesellschaft. Um hier Vorbilder zu haben, brauchen wir Top-Ergebnisse. Eliten bringen unser Land nach vorn.«

Biografie:

*1949 in Garmisch-Partenkirchen
*1950 in Reit im Winkl

Rosi Mittermaier absolvierte eine Hotellehre und krönte ihre Skilaufbahn 1976: In Innsbruck gewann sie olympisches Gold im Abfahrtslauf und im Slalom sowie Silber im Riesenslalom. Sie ist Mitglied der Hall of Fame des deutschen Sports. Christian Neureuther begann ein Medizinstudium, das er wegen des Skifahrens aufgeben musste. Er feierte sechs Weltcup-Siege und blieb dem Skisport als Vorstand und Mitbesitzer eines Sportartikelunternehmens sowie als TV-Kommentator treu.

Claudia Nystad

Erfolgreich in der Loipe

Je fünf Medaillen bei Olympischen Spielen und bei Weltmeisterschaften machen sie zu einer der erfolgreichsten deutschen Skilangläuferinnen. Höhepunkte waren die olympischen Goldmedaillen 2002 in Salt Lake City mit der Staffel und 2010 in Vancouver im Teamsprint mit Evi Sachenbacher-Stehle.

Fünf olympische Medaillen und Gold 2010 im Teamsprint.

Biografie:

*1978 in Zschopau
als Claudia Künzel

Claudia Nystad lebt in Oberwiesenthal. Sie startete für den WSC Erzgebirge Oberwiesenthal. Die Sportsoldatin ist Studentin der Wirtschaftsinformatik und widmet sich auch der Malerei.

Christina Obergföll & Linda Stahl

[Olympiadritte und Europa-meisterin Speerwurf]

Die Besten mit dem Speer

Zwei der besten deutschen Speerwerferinnen: Christina Obergföll gewann Bronze bei den Olympischen Spielen 2008 in Peking sowie Silber bei den Weltmeisterschaften 2007 in Osaka und 2005 in Helsinki. Bei den Europameisterschaften 2010 war sie ebenfalls Zweite, hinter Mannschaftskameradin Linda Stahl, die in Barcelona den Titel holte.

»Vielen Dank an die Sporthilfe und die DKB für die Möglichkeit, einen sehr interessanten Einblick in Politik, Wirtschaft und Sport zu bekommen. Alles unterschiedliche Menschen, die aber doch ein gemeinsames Ziel verfolgen.« (Christina Obergföll)

Biografie:

*1981 in Lahr
*1985 in Steinheim

Christina Obergföll lebt in Offenburg und startet für die LG Offenburg. Sie hat einen Bachelor in »Bewegungsbezogener Gesundheitsförderung« und absolviert einen Master-Studiengang in Gesundheitsmanagement. Linda Stahl kommt aus Blomberg im Kreis Lippe und studiert in Köln Medizin. Ihr Verein ist der TSV Bayer 04 Leverkusen.

»Ein großer Dank an die DKB und die Sporthilfe für den Motivationsschub und die Einsicht, dass es noch mehr Themen im Leben gibt.« (Linda Stahl)

René Obermann

[Vorstandsvorsitzender
Deutsche Telekom AG]

Des Chefs Karrieremanagement

Ein gelassener Vorstandsvorsitzender referierte zum Karrieremanagement, auch am Beispiel der eigenen Laufbahn: Erst Azubi bei BMW, dann Student und Firmengründer im prosperierenden Telekommunikationsmarkt, »um die ersten Semester zu finanzieren«. Das Unternehmen erwies sich als Glückslos. Viel hat er in der Praxis erarbeitet, in den USA gelernt, dass »Probleme« auch »Opportunities« sein können – und als Eishockeyspieler früh begriffen, was Fairness ist.

»Es ist schwieriger Olympiasieger zu werden,
als in einem Unternehmen Karriere zu machen.«

Biografie:

*1963 in Düsseldorf

Obermann begann seine Karriere mit der Ausbildung zum Industriekaufmann bei BMW in München. Danach gründete er 1986 ein Telekommunikationsunternehmen. 1998 kam er als Geschäftsführer Vertrieb der T-Mobile Deutschland GmbH zur Telekom. Im April 2000 wurde er Vorsitzender der Geschäftsführung und übernahm ein Jahr später die Verantwortung für das europäische Geschäft. Später war er Vorstandsvorsitzender von T-Mobile und Vorstand für Mobilfunk im Konzern. Seit November 2006 ist er Vorstandsvorsitzender der Deutschen Telekom AG.

Frank Ostholt

[Olympiasieger
Vielseitigkeitsreiten]

Dreikämpfer auf dem Pferd

Er gehört zu den herausragenden deutschen Vielseitigkeitsreitern. Im Wettbewerb aus Dressur, Geländeritt und Springen holte er mit der deutschen Mannschaft 2008 bei den in Hongkong ausgetragenen Reitsportwettbewerben den Olympiasieg und 2006 in Aachen den WM-Titel. Im Jahr 2011 gewann er in Luhmühlen EM-Bronze im Einzelwettbewerb.

»Vielen, vielen Dank.«

Biografie:

*1975 in Warendorf

Frank Ostholt wurde mit Pferden groß. Er ist Diplom-Agraringenieur, Pferdewirtschaftsmeister und seit Oktober 2004 Leiter des Bundesleistungszentrums Reiten in Warendorf.

Matthias Platzeck

[Ministerpräsident des Landes Brandenburg]

Der Stehplatz entspannt

Seit 30 Jahren besucht er die gleiche Stammkneipe in Potsdam. »Und wenn es richtig dick kommt«, geht er zu Babelsberg 03. »Auf meinem Stehplatz kann ich mit normalen Menschen über Fußball reden, danach geht es mir wieder besser.« Die Athleten interessierten sich für den Menschen hinter dem bekannten Namen, der so gut verdeutlichen kann. Etwa so: »Diktatur funktioniert, wenn man nichts macht. Demokratie nur, wenn man was macht.«

»Politik sollte sich zum Ziel setzen, dass es den Menschen immer ein kleines Stück besser geht.«

Biografie:

*1953 in Potsdam

Platzeck studierte von 1974 bis 1979 biomedizinische Kybernetik. Bis 1990 war er am Institut für Lufthygiene in Karl-Marx-Stadt, am Kreiskrankenhaus Bad Freienwalde und bei der Hygieneinspektion Potsdam tätig. Von 1990 bis 1998 war er Brandenburger Umweltminister und trat 1995 der SPD bei. 1998 wurde er zum Oberbürgermeister Potsdams gewählt, 2002 zum Ministerpräsidenten Brandenburgs. Als 2005 gewählter SPD-Vorsitzender trat er 2006 aus gesundheitlichen Gründen zurück, blieb aber Ministerpräsident und Landesvorsitzender.

Thomas Quasthoff

[Bassbariton und
Professor für Gesang]

Die Stimme

Er hat eine Stimme, der man zuhört. Wenn er sie zum Singen bringt und wenn er mit ihr spricht; wegen ihres Klangs und wegen des Gesagten. Die Sportler lernten eine beeindruckende Persönlichkeit aus der Welt der klassischen Musik

»Stimmen sind das direkteste Instrument, sie erreichen die Herzen der Menschen.«

kennen, die »eine Träne im Ton« hat. Mit seiner Stimme führt er Menschen in eine andere Welt, er berührt sie. Davon erzählte er.

Biografie:

*1959 in Hildesheim

Quasthoff war bis zum Karriereende im Januar 2012 einer der bemerkenswertesten Sänger seines Fachs. Der Bassbariton trat mit den weltweit führenden Orchestern auf. 1988 siegte er beim Internationalen Musikwettbewerb der ARD. Dreimal erhielt er in seiner Karriere den Grammy-Award. Von 1996 bis 2004 hatte er eine Professur an der Hochschule für Musik in Detmold, seither widmet er sich an der Hochschule für Musik »Hanns Eisler« Berlin dem Sängernachwuchs.

Fritz Rau

Musikalischer Zeitzeuge

Er arbeitete mit fast allen Musikgrößen. Veranstaltete Konzerte und Tourneen für die Rolling Stones ebenso wie für Udo Lindenberg, für Queen genauso wie für Peter Maffay. Joan Baez hat er betreut, Madonna, Frank Zappa, Bob Dylan, Anfang der 1960er Marlene Dietrich. In Jimi Hendrix' Haarpracht verfing sich einst der Wellensittich seiner Tochter. Unterhaltsam und selbstironisch führte er die Sportler als Zeitzeuge durch 50 Jahre Musik- und Konzertgeschichte. Gitarrenklänge begleiteten ihn dabei. Zum Schluss hob er die Hand, zum Peace-Zeichen.

»Der Ausverkauf eines Konzerts ist der Orgasmus eines Konzertveranstalters.«

Biografie:

*1930 in Pforzheim

Fritz Rau studierte Jura in Heidelberg und beendete das Studium mit dem zweiten Staatsexamen. Schon zu dieser Zeit engagierte er sich in einem Jazz-Club. 1955 veranstaltete er sein erstes großes Konzert in der Heidelberger Stadthalle, der Konzertagent Horst Lippmann wurde auf ihn aufmerksam. Nach dem Studium arbeitete Rau als Gerichtsreferendar und leitete nebenbei Tourneen. 1963 wurde die Konzertagentur »Lippmann + Rau« gegründet, die 1989 zu »Mama Concerts und Rau« fusionierte.

Ronald Rauhe

Ein Könner mit dem Paddel

Bei Olympischen Spielen stand er im Zweier-Kajak mit Tim Wieskötter über 500 Meter auf allen Stufen des Treppchens: 2004 in Athen Gold, 2008 in Peking Silber und 2000 in Sydney Bronze. Bei Weltmeisterschaften paddelte er im Einer- und Zweier-Kajak seit 2001 zu 13 Goldmedaillen.

Der Juniorsportler des Jahres 1998.

Biografie:

*1981 in Berlin

Ronald Rauhe lebt in Falkensee und startet für den Kanu Club Potsdam. Er ist Sportsoldat und studiert Sportmanagement. Die Sporthilfe wählte ihn 1998 zum Juniorsportler des Jahres.

Michael Ringier

[Verleger]

Aus Erfahrung klug

Er ist »erst durch ein Scheitern« zum Chef des größten Schweizer Medienunternehmens geworden. Denn beim BWL-Studium in St. Gallen »war hinter der Uni ein Tennis- Club, und das war interessanter.« Die Schwester riet: »Werde Journalist.« Schnell wusste er: »Das ist es!« Er neigt zu sympathischer Selbstironie und überzeugte mit nachdenklichen Gedanken wie diesem: Zufälle müsse man spüren können, und das Bauchgefühl trüge nie. Als Journalist

»In schöner Erinnerung an eine sehr sportliche Diskussion.«

sei es oft hilfreich, weniger zu wissen, um gut zu berichten. Er spricht aus Erfahrung. »Ich weiß, wie journalistische Betriebsunfälle zustande kommen. Das hätte ich in St. Gallen nicht gelernt.«

Biografie:

*1949 in Zofingen

Nach der Journalistenausbildung absolvierte Ringier ein Traineeprogramm beim Heinrich Bauer-Verlag in Hamburg, arbeitete für die Wirtschaftsredaktion des »Stern« und konzipierte die Zeitschrift »Impulse«. 1983 kehrte er zum Familienunternehmen in die Schweiz zurück und bekam die Verantwortung für Neue Medien und den deutschen Markt übertragen. 1997 übernahm er die operative sowie publizistische Führung als Konzernleiter und wurde 2003 Verwaltungsratspräsident der Ringier Holding AG.

Fanny Rinne, Marion Rodewald, Britta von Livonius, Badri Latif

[Olympiasiegerinnen und Europameisterinnen Hockey]

Vier Hockey-Grrößen

Marion Rodewald als Kapitänin, Fanny Rinne und Badri Latif gehörten bei den Olympischen Spielen 2004 in Athen zur deutschen Mannschaft, die Gold gewann. Britta von Livonius' herausragender Erfolg im Nationalteam war der EM-Titel 2007, zusammen mit Marion Rodewald und Fanny Rinne.

»Für die Erfahrungen und Hilfen bin ich mehr als dankbar; viele Momente, Aussagen und Erfahrungen werden unvergessen bleiben.« (Fanny Rinne)

Biografie:

*1980 in Mannheim
*1976 in Mühlheim an der Ruhr
*1976 in Hamburg
*1977 in Berlin

Fanny Rinne lebt in Heidelberg und spielt für den TSV Mannheim. Sie hat ein Sportstudium absolviert und arbeitet im Eventmanagement. Marion Rodewald lebt in Frechen und spielt für Rot-Weiß Köln. Sie ist Diplom-Sportwissenschaftlerin, Mitglied in der DOSB-Athletenkommission und in dieser Funktion auch Mitglied im Sporthilfe-Aufsichtsrat. Die Hamburgerin Britta von Livonius ist Psychologin, Badri Latif lebt in Berlin und ist Ärztin.

Pascal Roller

[WM-Dritter Basketball]

Der Herr der Körbe

Mit der Nationalmannschaft, deren Trikot er 122-mal trug, gewann er 2002 WM-Bronze und 2005 EM-Silber. Mit seinem Verein, den Skyliners aus Frankfurt, wurde der Aufbauspieler 2004 Deutscher Meister und 2000 Pokalsieger.

»Inspirierend – Horizont erweiternd! Ein Privileg, hier dabei gewesen zu sein!«

Biografie:

*1976 in Heidelberg

Pascal Roller lebt in Kelkheim bei Frankfurt. Heute ist er im Sportmarketing tätig und moderiert für einen TV-Sender Basketball-Spiele.

Silke Rottenberg

[Weltmeisterin Fußball]

Die Rekordtorhüterin

Sie hütete das Tor der deutschen Frauen-Nationalmannschaft bei den WM-Siegen 2003 und 2007. Gar dreimal war sie Europameisterin: 1997, 2001 und 2005. Die Olympischen Spiele 2000 in Sydney und 2004 in Athen beendete sie jeweils mit der Bronzemedaille. Zwischen 1993 und 2008 absolvierte sie 126 Länderspiele und ist damit deutsche Rekordtorhüterin.

Biografie:

*1972 in Euskirchen

Silke Rottenberg lebt in Dürscheven im Kreis Euskirchen. Sie ist ausgebildete Zahnarzthelferin, war Sportsoldatin und ist als Fußball-Lehrerin heute Torwarttrainerin im DFB-Nachwuchsbereich.

»Ich habe mitgenommen, dass Sportler durchaus über den Gartenzaun schauen und sehr interessiert sind an allen Lebensbereichen. Mir haben die vier Tage unheimlichen Spaß gemacht, weil sie super organisiert waren. Schloss & Gut Liebenberg hatte entscheidenden Anteil daran. Tolles Ambiente!«

Matthias Sammer

[Europameister Fußball, Sportvorstand FC Bayern München, ehemaliger DFB Sportdirektor]

Der Wille entscheidet

Was macht den Unterschied zwischen dem ersten und zweiten Platz aus? Er findet: »Mentalität schlägt Qualität«. Talentiert seien stets auch die anderen, am Ende entscheide der Wille, auf die Charaktereigenschaften komme es an. Den Teilnehmern gab er deswegen seine Definition von Leidenschaft mit: Wer nicht in der Lage sei zu leiden, der werde auch nichts schaffen.

»Die Definition von Wahnsinn ist: In der Hoffnung, dass sich etwas ändert, immer wieder das gleiche zu tun.«

Biografie:

*1967 in Dresden

Für Dynamo Dresden spielte Sammer bis 1990 in der DDR-Oberliga, wechselte dann zum VfB Stuttgart und wurde 1992 Deutscher Meister. Nach kurzer Zeit bei Inter Mailand ging er 1993 zu Borussia Dortmund, gewann dort zwei Meisterschaften und 1997 die Champions League. Er war der erste Ostdeutsche in der gesamtdeutschen Nationalmannschaft, größter Erfolg war der EM-Titel 1996. Als Trainer feierte er 2002 mit Dortmund die Meisterschaft. Von 2006 bis 2012 arbeitete er als Sportdirektor für den DFB und gehörte dem Präsidium an. Seit Juli 2012 ist er Sportdirektor beim FC Bayern München.

Dr. Wolfgang Schäuble

[Bundesminister
der Finanzen]

Auf den Schluss kommt es an

Das Beste zum Schluss. Daran hielt er sich, als er den Athleten zum Abschied zurief: »Viel Erfolg! Jeder von Ihnen kann anderen Menschen viele positive Impulse geben. Sie sind Menschen, die durch Ihre besondere Leistung hervorstechen und haben eine Vorbildfunktion, der Sie sich stellen müssen. Unser Land braucht Hochleistungssportler wie Sie.« Die Athleten fühlten sich nach diesem Gespräch einige Zentimeter größer.

»Ich wünsche viele kräftige Impulse,
dass der Sport und die Sportler unserer
Gesellschaft immer wieder den Wert
von Leistung und Freiheit vermitteln.«

Biografie:

*1942 in Freiburg

Nach dem Abitur 1961 studierte Schäuble Rechts- und Wirtschaftswissenschaften in Freiburg und Hamburg und promovierte 1971. Seit 1972 ist er Mitglied des Bundestags. Er war Bundesminister für besondere Aufgaben und Chef des Kanzleramts, bevor er von 1989 bis 1991 Bundesminister des Innern wurde. Von 1991 bis 2000 war er Vorsitzender der CDU/CSU-Bundestagsfraktion, ab 1998 zudem Vorsitzender der CDU. 2005 wurde er erneut zum Innenminister ernannt, seit Oktober 2009 ist er Finanzminister.

Rudolf Schenker

[Gründer und Gitarrist der Band Scorpions]

»Rock your life, Scorpions, Keep on rock' in. Hat Spaß gemacht!«

Voller Energie

Der Funke sprang über – mit kaum enden wollender Energie führte der gelernte Starkstromelektriker und begnadete Rhetoriker ins »Leben auf der Schnellstraße Rock 'n' Roll« ein, erzählte von den Anfängen im Kirchengemeindehaus genauso wie von Konzerten vor 300.000 Menschen und vom Treffen mit Gorbatschow im Kreml. Zu »Wind of Change« fiel die Mauer. Deutsche Geschichte.

Biografie:

*1948 in Hildesheim

Schenker lernte die Berufe des Elektrikers und des Fotografen. 1965 gründete er die Scorpions. Das erste Album »Lonesome Crow« ebnete 1972 den Weg zur internationalen Karriere mit beeindruckenden Headliner-Auftritten. 1985 spielten die Scorpions vor 350.000 Fans in Rio de Janeiro. 1988 gaben sie in Leningrad zehn ausverkaufte Konzerte vor 350.000 sowjetischen Fans. Ein Jahr später landeten sie mit »Wind of Change« einen weltweiten Nummer-Eins-Hit. Das Lied wurde Hymne des Mauerfalls.

Clemens Schick

[Theater- und Filmschauspieler]

Vergleich von Welten

Intelligente Fragen, intelligente Antworten. Dieser Kaminabend entwickelte sich zum lebhaften Vergleich zweier Welten, die einiges trennt, die aber doch viel gemein haben. Hier herausragende deutsche Sportler, die Tag für Tag auf ihr Ziel hinarbeiten. Dort ein erfolgreicher Künstler, noch am Anfang seiner Karriere, der ein internationaler Leinwandstar werden will. Das Treffen ließ in die Denke eines Mannes blicken, der für seinen Traum etliche Hürden überwinden musste, zwischenzeitlich sieben Monate im Kloster lebte. Nach zehn Jahren mit Hauptrollen am Theater wurde er 2006 Bodyguard des Bösewichts im James Bond »Casino Royale« – und auf einen Schlag bekannt.

»Sportliche Leistungen werden in Metern und Sekunden gemessen, Maßeinheiten der Schauspieler sind Regisseure und Kollegen.«

Biografie:

*1972 in Tübingen

Schick studierte in den 1990er-Jahren an der Berliner Schule für Schauspiel. Er erhielt schnell Engagements an führenden Schauspielhäusern, unter anderem in Dresden, Frankfurt, Wien, Berlin, Stuttgart, Zürich und Hamburg. Von 2002 bis 2006 gehörte er zum Schauspiel Hannover, wo er unter anderem Titelrollen in »Don Carlos« und »Richard III.« übernahm. Zusätzlich zu seiner Theaterarbeit dreht er für Film und Fernsehen.

Daniel Schnelting

Der Sprinter

Er war im Jahr 2005 Junioren-Europameister über 200 Meter. Auf seiner Spezialstrecke holte er in den Jahren 2007, 2008 und 2010 den deutschen Meistertitel. 2009 nahm er an den Leichtathletik-Weltmeisterschaften in Berlin teil, 2006 und 2010 an den Europameisterschaften.

»Das war Networking für die Zukunft.«

Biografie:

*1986 in Borken

Daniel Schnelting lebt in Velen bei Borken und startet für das Leichtathletik-Zentrum Rhede. Der Diplom-Wirtschaftsingenieur arbeitet als Sport- und Gesundheitskoordinator in einem Hotelbetrieb.

Lena Schöneborn

[Olympiasiegerin Moderner Fünfkampf]

Die herausragende Fünfkämpferin

Sie ist die herausragende Athletin in der Vielseitigkeits-Sportart aus den Disziplinen Pistolenschießen, Degenfechten, Schwimmen, Springreiten und Crosslauf: Olympiasiegerin der Spiele 2008 in Peking, Mannschafts-Weltmeisterin der Jahre 2011 und 2009, Staffel-Weltmeisterin von 2012 und 2005 sowie Europameisterin von 2011.

»Im Laufe der Jahre habe ich die Sporthilfe schätzen und lieben gelernt.«

Biografie:

*1986 in Troisdorf

Lena Schöneborn lebt und trainiert in Berlin, ihr Verein sind die Schwimm- und Sportfreunde Bonn. Neben dem Sport absolviert sie ein Masterstudium International Marketing Management.

Gerhard Schröder

[Bundeskanzler a.D.]

Fragen zu Sport und Politik

Er sagte: »Leistungssportler sind Identifikationsfiguren, die Optimismus verbreiten.« Doch nicht nur Fragen zu seinem Sportverständnis kamen auf. Ein Teilnehmer fasste zusammen: »Ein unterhaltsamer und lehrreicher Abend, der in Erinnerung bleiben wird.«

»Mit großem Respekt vor
Engagement und Leistung.«

Biografie:

*1944 in Mossenberg

Gerhard Schröder war von 1998 bis 2005 der siebte Bundeskanzler der Bundesrepublik Deutschland, von 1990 bis 1998 Ministerpräsident des Landes Niedersachsen und von 1999 bis 2004 SPD-Parteivorsitzender. Nach einer Lehre zum Einzelhandelskaufmann und dem Abitur auf dem zweiten Bildungsweg studierte er ab 1966 Jura in Göttingen und schloss das Studium 1971 mit dem ersten Staatsexamen ab. 1976 folgte das zweite Staatsexamen. Bis zur Wahl zum Ministerpräsidenten arbeitete er als Rechtsanwalt.

Manfred Schwedler &
Christian Pöllath

[WM-Zweite
Trampolinturnen]

Die »fliegenden Bananen«

Als »Flying Bananas« unterhalten sie heute das Publikum in Trampolinshows, oft auch im Fernsehen. Als Aktive waren sie WM-Zweite, Europameister und gewannen mehrfach WM-Bronze und EM-Silber.

»Künstler und Sportler denken sehr unterschiedlich.«
(Manfred Schwedler)

Biografie:

*1959 in Rinteln
*1964 in Diepholz

Christian Pöllath und Manfred Schwedler leben in Frankfurt am Main. Pöllath ist Sportwissenschaftler, Schwedler hat Architektur studiert. Beide arbeiten seit vielen Jahren gemeinsam als Trampolin-Künstler, der Hessische Rundfunk kürte das Duo zu den »urigsten Sportlern Hessens«.

Katrin Senne

Siegreich über den Wolken

Sie gehört zu den herausragenden deutschen Segelfliegerinnen. 2007 war sie Weltmeisterin in der Rennklasse, in den Jahren 2003 und 2009 WM-Zweite, 2001 WM-Dritte. 1992 machte sie in Südafrika Schlagzeilen mit sechs Weltrekorden in der Doppelsitzer-Klasse der Frauen, 1993 folgte als EM-Zweite der erste große Erfolg bei einem internationalen Titelkampf.

Biografie:

*1969 in Sindelfingen

Katrin Senne lebt in Aidlingen bei Böblingen. Sie startet für den Flugsportverein Sindelfingen und ist Diplom-Ingenieurin und -Betriebswirtin.

»Fragen stellen zu können, die man ansonsten nie stellen könnte, das ›hautnahe‹ Erleben von großen Persönlichkeiten der Wirtschaft und Politik – eine sehr schöne Sache, die bei mir bleibende Eindrücke hinterlassen wird!«

Prof. Dr. Albert Speer

[Architekt und Städteplaner]

In China am Ruder

Natürlich plauderte er aus dem Nähkästchen seiner beruflichen Karriere. Doch mit ihm diskutierten die Sportler vor allem, wie Kulturen voneinander lernen können – sein Büro ist stark im chinesischen Markt aktiv. Er ist ein begeisterter Ruderer, saß früher im Vierer und Achter. Die Ausdauer bewies er später genauso im Beruf. Vorauszusehen war ebenso, dass er in Liebenberg mit Ruder-Weltmeister Peter Hoeltzenbein über seine Sportart philosophierte.

»Hartnäckig, ausdauernd, risikofreudig – und immer auf der Suche nach neuen Aufgaben.«

Biografie:

*1934 in Berlin

Nach Schreinerlehre und Abendschulabitur absolvierte Speer von 1955 bis 1960 ein Studium der Architektur in München. 1964 gewann er den zweiten Preis in einem internationalen Wettbewerb und gründete ein Büro für Stadtplanung und Architektur in Frankfurt am Main. Speers Büro AS&P betreut Großprojekte im In- wie im Ausland und hat eine Dependance in Shanghai.

Sabine Spitz

Die Beste auf dem Mountainbike

Auf dem Mountainbike macht ihr niemand etwas vor: Sabine Spitz siegte in der Disziplin Cross Country bei den Olympischen Spielen 2008 in Peking und holte 2004 in Athen Bronze. Sie ist die Weltmeisterin des Jahres 2003 und WM-Zweite der Jahre 2007 und 2008. Im Mountainbike-Marathon war sie

»Auf dem Mountainbike macht ihr niemand etwas vor.«

2009 Weltmeisterin und bereits viermal WM-Zweite, im Cyclocross (Querfeldeinrennen) 2005 WM-Zweite. In ihrer Erfolgsbilanz stehen zudem drei Titelgewinne bei Europameisterschaften.

Biografie:

*1971 in Herrischried

Sabine Spitz lebt in Murg im Südschwarzwald. Sie startet für die SG Rheinfelden und das Central Haibike Pro Team. Sie ist ausgebildete Chemielaborantin und Profisportlerin.

Klaus Staeck

[Grafikdesigner,
Karikaturist, Jurist,
Präsident Akademie
der Künste]

Ein neugieriger Künstler

Er kam am späten Nachmittag, blieb bis nach Mitternacht und genoss den Dialog, weil er neugierig war. Zurück gab er seine Erfahrungen, einen Einblick in die Welt der Satire anhand seiner Plakate sowie überraschende Vergleiche zwischen Kunst und Sport. Ein interessanter Abend für alle.

»Erfolg ist flüchtig, und man muss lernen, damit umzugehen.«

Biografie:

*1938 in Pulsnitz

In Bitterfeld aufgewachsen, siedelte Staeck nach dem Abitur 1956 nach Heidelberg um und wiederholte 1957 die Prüfung, da die DDR-Reifezeugnisse nicht anerkannt wurden. Danach arbeitete er als Bauhilfsarbeiter. Von 1957 bis 1962 studierte er Jura. Seit Anfang der 1970er-Jahre ist er als Grafiker im Bereich der Politsatire tätig. 1986 erhielt er eine Gastprofessur an der Kunstakademie Düsseldorf. Im April 2006 wurde er zum Präsidenten der Akademie der Künste in Berlin gewählt.

Britta Steffen

[Olympiasiegerin Schwimmen]

Die Schnellste im Wasser

Mit den olympischen Goldmedaillen über 50 und 100 Meter Freistil bei den Spielen 2008 in Peking feierte Britta Steffen ihre größten Erfolge. Bei Weltmeisterschaften ragen die Titelgewinne 2009 in Rom über die gleichen Strecken heraus. Bei Europameisterschaften und Kurzbahn-Europameisterschaften stehen für sie von 2006 bis 2012 zwölf Titelgewinne im Einzel und mit deutschen Staffeln zu Buche.

»Wenn ich im Sport erfolgreich sein will, muss ich auch etwas für den Kopf tun.«

Biografie:

*1983 in Schwedt an der Oder

Britta Steffen lebt in Berlin und schwimmt für die SG Neukölln. Sie war 2008 Sportlerin des Jahres und studiert Wirtschaftsingenieurwesen mit Fachrichtung Umwelt.

Peer Steinbrück

[Bundesfinanzminister a.D.]

Reichlich Diskussionsstoff

Warum er ein so gefragter Gesprächspartner ist, erfuhren die Teilnehmer bald: Er ist ein schneller Denker und flotter Redner. Humor, bisweilen etwas Zynismus schwingen unterhaltend mit. Er nahm sich Zeit, fast drei Stunden, und beantwortete Frage um Frage. Nicht alle gehobenen Hände konnten berücksichtigt werden, die Diskussion dokumentierte das Politikinteresse der Teilnehmer. Der Gast erklärte, stach immer wieder in Wunden, bekannte sich zum Spitzensport – »ich möchte, dass wir gewinnen!« – und bedankte sich am Ende bei den Athleten »für Ihre Neugier«.

»Das war eine vergnügungspflichtige Veranstaltung, für die man keine Steuern zahlen musste.«

Biografie:

*1947 in Hamburg

Der SPD-Politiker war von 2002 bis 2005 Ministerpräsident Nordrhein-Westfalens und von 2005 bis 2009 Bundesfinanzminister. Nach Abitur und Wehrdienst schloss Steinbrück 1974 sein Studium in Kiel als Diplom-Volkswirt ab. Danach arbeitete er für verschiedene Bundesministerien und war von 1986 bis 1990 Büroleiter des NRW-Ministerpräsidenten Johannes Rau. Ämter als Staatssekretär und Minister in Schleswig-Holstein und Nordrhein-Westfalen folgten.

Prof. Dr. Dieter Stolte

[Ehemaliger
Intendant ZDF]

Elite, philosophisch definiert

Eliten sollen Antworten auf die komplexer werdende Welt geben, sie führen. Das meinte Dieter Stolte, der den Elitebegriff philosophisch diskutierte. »Überdurchschnittliche Leistungen heben Sie aus Ihrem Jahrgang heraus«, lobte er seine Zuhörer. Um schließlich zur »Führungselite« zu zählen, müsse man das Besondere in sich entdecken. »Aber niemand ist aus sich heraus alles.« Der Mensch – ein Werk der Natur, der Gesellschaft und seiner selbst.

»Ich gratuliere der Sporthilfe zu dem Mut, sich für Eliten und ihre Herausbildung zu bekennen. Keine Gesellschaft kommt ohne Eliten aus.«

Biografie:

*1934 in Köln

Stolte studierte bis 1961 Philosophie, Geschichte und Germanistik in Tübingen und Mainz. Er baute die Abteilung Wissenschaft des Saarländischen Rundfunks mit auf und wechselte 1962 zum ZDF, wo er 1967 Leiter der Hauptabteilung Programmplanung wurde. 1976 wurde er ZDF-Programmdirektor und im November 1981 zum Intendanten gewählt. Nach vier Amtsperioden verzichtete er 2002 auf die Wiederwahl und war bis 2010 Herausgeber der Zeitungen »Die Welt« und »Berliner Morgenpost«.

Dr. Peter Struck

[Bundesverteidigungs-
minister a.D.]

Klare Aussprache

Den früheren SPD-Fraktionschef im Bundestag erlebten die Teilnehmer als (Sozial-)Demokrat durch und durch. »Demokratie ist ganz kompliziert«, sagte er und hob die Augenbrauen, »aber es gibt nichts Besseres«. Ob es um Föderalismus, Finanzkrise oder Gesundheitsreform ging, in der Diskussion mit den Athleten war Struck um keine Antwort verlegen. Er war ja »schon immer für eine klare Aussprache bekannt.«

»Dem Sporthilfe Elite-Forum herzlichen
Dank für die freundliche Aufnahme!
Es hat mir viel Freude gemacht.«

Biografie:

*1943 in Göttingen

Struck studierte Rechtswissenschaften und trat nach der Promotion 1971 als Regierungsrat in die Hamburgische Verwaltung ein. Er war Referent des Universitäts-Präsidenten und in der Finanzbehörde tätig. 1973 wurde er Stadtrat und stellvertretender Stadtdirektor von Uelzen. Ab 1980 war er Mitglied des Bundestags, später Parlamentarischer Geschäftsführer und Vorsitzender der SPD-Fraktion. Von 2002 bis 2005 war er Verteidigungsminister, danach wieder Fraktionsvorsitzender, bis er 2009 nicht mehr für den Bundestag kandidierte.

Elmar Theveßen

[Stellvertretender Chefredakteur ZDF]

Den Sport erhalten

Er hatte finstere Themen im Gepäck. Zwangsläufig, als Terrorismus-Experte und Leiter der »Anti-Doping-Task-Force« des ZDF. Sein Arbeitsgebiet erläuterte er anschaulich und erklärte, warum manches an die Öffentlichkeit dringt, anderes nicht. Und er sicherte zu: »Wir betreiben keinen Kreuzzug, wir wollen nur den Sport als wesentlichen Teil unserer Gesellschaft erhalten.« Ebenso authentisch und überzeugend klang, was er zum weltweiten Terror-Netzwerk sagte. Die meisten hätten gerne noch mehr erfahren.

»Klasse, wie sehr sich diese Athleten für solche unbequemen Themen interessieren!«

Biografie:

*1967 in Viersen

Schon während des Studiums der Politischen Wissenschaft, Geschichte und Germanistik von 1987 bis 1993 in Bonn arbeitete Theveßen als Journalist. 1990 ging er nach Washington, studierte Auslandspolitik und Journalismus und berichtete für das Fernsehen. Zurück in Deutschland wurde er freier Mitarbeiter beim ZDF. Für den Sender arbeitete er von 1995 bis 2001 als Nordamerika-Korrespondent, dann als Reporter. Seit 2007 ist er stellvertretender Chefredakteur und Leiter der Hauptredaktion Aktuelles.

Prof. Walther Tröger

[Ex-IOC-Mitglied und
-NOK-Präsident,
Ehrenmitglied
Aufsichtsrat Sporthilfe]

Zeitzeuge einer Tragödie

Die große Tragödie der modernen Olympischen Spiele stand im Mittelpunkt seines Besuchs. Bei den als »heiter« konzipierten Spielen von 1972 in München war er der Bürgermeister des Olympischen Dorfs. Beim Anschlag auf die israelische Mannschaft verhandelte er direkt mit den palästinensischen Terroristen. Elf Sportler, ein Polizist und fünf Terroristen starben. Er weiß wie es ist, eine Pistole im Rücken zu spüren und trifft Angehörige der Opfer noch heute. Ein Zeitzeuge, von dem man lernen kann.

»Unschuldige, die unter meiner Obhut standen, waren betroffen. Und ich konnte nicht helfen. Das beschäftigt mich heute noch.«

Biografie:

*1929 in Wunsiedel

Seine sportpolitische Karriere begann der Jurist beim Hochschulsportverband, wo er von 1953 bis 1961 Generalsekretär war, ehe er in die gleiche Funktion zum Nationalen Olympischen Komitee (NOK) wechselte. Von 1983 bis 1990 war Tröger Sportdirektor im IOC. 1989 wurde er IOC-Mitglied (bis 2009), 1992 NOK-Präsident (bis 2002). Achtmal führte er als Chef de Mission die deutsche Olympiamannschaft bei Winterspielen. Er ist Ehrenmitglied im Aufsichtsrat der Sporthilfe.

Günther Troppmann

[Vorsitzender des
Vorstands der Deutschen
Kreditbank AG]

Der Schlossherr

Bei seinen Besuchen machte er den Athleten immer wieder Mut, ihre Fähigkeiten selbstbewusst im Beruf einzusetzen. Troppmann ist einer der Mit-Erfinder des Sporthilfe Elite-Forums, heute das »Schmuckstück« von Liebenberg, dem »Zuhause« der Internet-Bank.

»Die bei der Gründung gehegten Erwartungen und Hoffnungen, jungen – leistungsbereiten Menschen auch etwas für ihre persönliche Entwicklung zu vermitteln, haben sich inzwischen mehr als erfüllt.«

Biografie:

*1951 in Neunburg vorm Wald

Nach dem Studium der Mathematik und der Betriebswirtschaftslehre in Regensburg und Innsbruck war Troppmann beim Bayerischen Sparkassen- und Giroverband, München, und im Anschluss in der BayernLB als Leiter des Bereichs Marketing und Controlling tätig. Seit 1995 ist er Mitglied im Vorstand der DKB, seit 1996 dessen Vorsitzender. Er ist vorrangig verantwortlich für das Privatkundengeschäft, den Bereich Revision, die Unternehmensentwicklung und die Unternehmenskommunikation.

Bodo Uebber

[Vorstandsmitglied
Daimler AG]

Eine Stern-Stunde

Einen Finanzvorstand hätten sich viele anders vorgestellt: Er überzeugte nicht mit trockenem Zahlenstoff und diffizilen Statistiken, sondern mit Offenheit und Eloquenz. Im regen Dialog kam freilich Geschäftliches zur Sprache: die Marke Mercedes und ihre Markenwerte, Elektroautos, die Bedeutung des chinesischen Markts. Genauso ging es um Persönliches, wie die notwendige Disziplin und sein »durchgeplantes« Leben.

»Eine sehr aufgeweckte Truppe, sehr gute Diskussionen. Ich komme wieder.«

Biografie:

*1959 in Solingen

Uebber studierte in Karlsruhe Wirtschaftsingenieurwesen und trat in die Messerschmitt-Bölkow-Blohm GmbH ein, die 1989 von Daimler übernommen wurde. Zu seinen Positionen im Konzern zählten Controlling-Leitungen bei Dornier Luftfahrt und der DASA. 2001 wechselte er als Vorstand zur DaimlerChrysler Services AG, 2003 stieg er in den Konzern-Vorstand auf, ist dort verantwortlich für Finanzen und Controlling. Er ist Mitglied im Verwaltungsrat des Luft- und Raumfahrtkonzerns EADS und im Sporthilfe-Aufsichtsrat.

Julius Uelschen, Michael Franke, Moritz Sckaer

[Nationalspieler Baseball]

Die Pitcher und Batter

Julius Uelschen und Moritz Sckaer gehörten 2010 zur deutschen Baseball-Nationalmannschaft, die bei der Europameisterschaft Bronze gewann. Michael Franke nahm zweimal an Weltmeisterschaften teil und hat schon als Profi in den USA gespielt.

»Viele interessante Themen, Gesprächspartner und Teilnehmer.« (Michael Franke)

Biografie:

*1990 in Paderborn
*1981 in Strausberg
*1986 in Köln

Julius Uelschen spielt in der Bundesliga für die Untouchables Paderborn und studiert Wirtschaftswissenschaften. Michael Franke gehört zu den Heidenheim Heikeköpfen und ist Angestellter. Moritz Sckaer lebt in Köln, spielt für die Bonn Capitals und hat in den USA ein Studium zum Bachelor of Arts in Organizational Communication abgeschlossen.

Dr. Gottfried Wagner

[Multimediaregisseur, Musikhistoriker und Publizist]

Unsere Stunde Null

70 Jahre vorher war sein Vater mit Hermann Göring in Liebenberg. Der Enkel des berühmten und von Hitler verehrten Komponisten Richard Wagner kam als Nazi-Gast, der Urenkel als Aufklärer über den Umgang mit diesem dunklen Kapitel deutscher Geschichte. Ihm geht es um das Lernen aus der Geschichte – anhand der Vergangenheit der eigenen Familie. »Unsere Stunde Null« benannte er seinen Vortrag. Die Sportler hatten viele Fragen. Es ging in die Verlängerung. Ein gutes Zeichen.

»Mit herzlichem Dank für die bewegende Einladung – wie gut, auf lebendiges Interesse bei den nächsten Generationen zu treffen.«

Biografie:

*1947 in Bayreuth

Er ist ein Urenkel des Komponisten Richard Wagner, der Sohn von Wolfgang Wagner, dem langjährigen künstlerischen Leiter der Bayreuther Festspiele, und Bruder der heutigen Festspielleiterinnen Eva Wagner-Pasquier und Katharina Wagner. Er studierte Musikwissenschaft, Philosophie und Germanistik und trat durch Kritik an der Verstrickung der Wagner-Familie mit dem NS-Regime hervor. Seine Autobiografie »Wer nicht mit dem Wolf heult« (1997) provozierte eine internationale Diskussion.

Gottlieb Weiss, Alexander Miller, René Julien Krause, Vahagn Sahakyan

[Junioren-EM-Zweiter, Jugend-Europameister, EM-Dritter, Junioren-EM-Dritter Boxen]

Die Boxer

Vier Boxer auf einen Schlag beim Sporthilfe Elite-Forum: Gottlieb Weiss war im Jahr 2006 Militärweltmeister, Alexander Miller 2004 Jugend-Europameister, René Julien Krause 2008 Dritter der Europameisterschaften. Vahagn Sahakjan holte 2007 Bronze bei den Junioren-Europameisterschaften.

»In so kurzer Zeit so viele erfolgreiche Menschen zu treffen, war fantastisch.« (Gottlieb Weiss)

Biografie:

*1987 in Jangijul, Usbekistan
*1988 in Kustanaj, Kasachstan
*1985 in Köln
*1989 in Eriwan, Armenien

Die Boxer kamen als Sportsoldaten zum Sporthilfe Elite-Forum. Vahagn Sahakyan kämpft inzwischen als Profi unter dem Künstlernamen David Graf und lebt jetzt in Berlin.

André Weßels

Der Florettkünstler

Seine bisher größten Erfolge gelangen dem Florettfechter bei den Weltmeisterschaften des Jahres 2002 in Lissabon: Gold mit der deutschen Mannschaft und Silber im Einzel. Bei den Weltmeisterschaften 2003 und 2011 gewann er Team-Bronze, bei den Europameisterschaften 2009 Bronze im Einzel.

»Eine wunderbare Erfahrung!«

Biografie:

*1981 in Recklinghausen

André Weßels lebt in Recklinghausen. Sein Verein ist der Olympische Fechtclub Bonn. Er ist Sportsoldat, gelernter Bankkaufmann und studiert in einem Fernstudium Europäische Betriebswirtschaft. Die Sporthilfe wählte ihn 2001 zum Juniorsportler des Jahres.

Kati Wilhelm

[Olympiasiegerin Biathlon]

Die Biathlon-Queen

Sie ist mit drei Olympiasiegen und fünf WM-Titeln zwischen 2001 und 2009 eine der erfolgreichsten deutschen Biathletin-

»Ich kann nur dann echten Leistungssport ausüben, wenn ich auch eine Perspektive für die Zeit nach dem Sport habe. Das Sporthilfe Elite-Forum leistet dazu einen Beitrag.«

nen. 2006 war sie bei den Olympischen Spielen in Turin Fahnenträgerin für Deutschland und Sportlerin des Jahres.

Biografie:

*1976 in Schmalkalden

Kati Wilhelm lebt in Ruhpolding in Bayern und Steinbach-Hallenberg in Thüringen. Ihr Verein ist der SC Motor Zella-Mehlis. Sie hat Internationales Management studiert und arbeitet als Biathlon-Expertin für die ARD.

Christa Wolf

[Schriftstellerin]

Ein Abend im Jahr

Es war ein Lese- und Gesprächsabend, der früher begann und später endete. Ins Bett mochte keiner, nicht die Athleten, nicht die Schriftstellerin. Drei Zeitläufe hat sie durchlebt. Bis 15 in der Nazizeit (»viel gelesen, nichts behalten«), dann im DDR-Regime (»dort wurde ich gebraucht, in der BRD nicht«), schließlich im heutigen Deutschland (»als Autorin fühle ich mich schon gebraucht«). Die bekannteste deutsche Autorin, millionenfach in alle Sprachen übersetzt, vielfach ausgezeichnet, wollte sich beim Schreiben »selber kennen lernen.« Sie las aus »Ein Tag im Jahr«, ein Tagebuch immer desselben Tages, des 27. Septembers, über 40 Jahre hinweg. Und sie sprach mit den Sportlern, deren Welt ihr so fern war. Ein faszinierender Abend im Jahr.

> »Ich hatte einen interessanten Abend mit Sportlern, denen ich allen Gutes wünsche.«

Biografie:

*1929 in Landsberg an der Warthe, † 2011 in Berlin

Christa Wolf wurde als Kaufmanns-Tochter im heutigen Polen geboren. 1945 floh die Familie nach Mecklenburg. Sie studierte bis 1953 Germanistik in Jena und Leipzig, arbeitete beim Schriftstellerverband, als Lektorin sowie als Redakteurin einer Literatur-Zeitschrift. Ihren ersten großen Erfolg als Schriftstellerin erzielte sie 1963 mit der Erzählung »Der geteilte Himmel«. Sie war eine der bedeutendsten deutschen Schriftstellerinnen, 2002 erhielt sie den Deutschen Bücherpreis für ihr Lebenswerk.

Jenny Wolf

[Weltmeisterin
Eisschnelllauf]

Die Schnellste auf dem Eis

Kaum eine kann der 500-Meter-Weltmeisterin von 2007, 2008, 2009 und 2011 über die kürzeste Distanz auf dem Eisoval das Wasser reichen. 2008 siegte sie auch bei den Sprint-Weltmeister-

Jenny Wolf hat auf Schloss Liebenberg geheiratet.

schaften, dem Vierkampf aus je zweimal 500 und 1000 Meter. In dieser Disziplin holte sie 2009 WM-Silber und 2010 WM-Bronze. Bei Olympischen Spielen gewann sie 2010 in Vancouver die Silbermedaille über 500 Meter.

Biografie:

*1979 in Berlin

Jenny Wolf lebt in Berlin. Sie ist Germanistin, ihr Verein ist der Eissportverein Berlin '08. Im Jahr 2008 erhielt sie das Goldene Band der Berliner Sportpresse, die älteste Sportauszeichnung Deutschlands. Im Jahr 2011 hat sie auf Schloss Liebenberg geheiratet.

Klaus Wowereit

[Regierender
Bürgermeister
von Berlin]

Plädoyer für eine Stadt

»In Berlin kann jeder nach seiner Facon selig werden«, lautet sein friderizianisches Credo. Er verwies auf das liberale Klima der Hauptstadt und die Bedeutung von Sportveranstaltungen für die Wirtschaft. »Dazu brauchen wir aber auch Helden, Gesichter und neue Ideen für die Sportförderung«. Das leidenschaftliche Plädoyer für seine Stadt wurde abgerundet durch den offenen Dialog mit dem Menschen, der sich nicht verbiegen lässt, glaubwürdig sein will, Politik einfach formuliert und fordert, dass »man wissen muss, was man kann«.

»Vielen Dank für die Einladung, es war ein sehr anregendes Gespräch. Weiterhin viel Erfolg.«

Biografie:

*1953 in Berlin

Wowereit wuchs in West-Berlin ohne Vater mit vier Geschwistern auf. Als Schüler schloss er sich den Jungsozialisten an und trat mit 18 Jahren in die SPD ein. Nach dem Abitur 1973 studierte er Jura, wurde Rechtsreferendar und arbeitete nach dem zweiten Staatsexamen 1981 beim Senator für Inneres in Berlin. 1984 wurde er Bezirksstadtrat in Tempelhof, 1995 ins Berliner Abgeordnetenhaus gewählt und im Dezember 1999 Vorsitzender der SPD-Fraktion. Seit 2001 ist er Regierender Bürgermeister von Berlin.

Michael Zellmer

[Olympiafünfter
Wasserball]

Der schwimmende Torwart

Er nahm zweimal an Olympischen Spielen teil, belegte 2004 in Athen mit der deutschen Wasserballmannschaft Platz fünf und 2008 in Peking Platz zehn. Der Torwart stand viermal in einem WM-Aufgebot und spielte sechsmal bei einer EM. Seit 2009 ist er Teammanager der deutschen Männer-Nationalmannschaft.

»Hochkarätige Kontakte, neue Freunde, interessantes und abwechslungsreiches Programm – ein wertvolles Seminar für das weitere Leben!«

Biografie:

*1977 in Oldenburg

Michael Zellmer lebt in Hannover. Sein Verein sind die Wassersportfreunde Hannover. Der diplomierte Wirtschaftswissenschaftler ist seit 2009 hauptamtlicher Teammanager und Assistenztrainer der Wasserball-Nationalmannschaft.

Ein magischer Ort in der Mark Brandenburg

Schloss & Gut Liebenberg ist heute mehr als ein Fürstenhaus, eine Hotelanlage oder ein Treffpunkt für Eliten. Hier lebt die Geschichte in einem modernen Ambiente und einer malerischen Natur. Wer auf den Spuren Theodor Fontanes durch die Mark Brandenburg wandert, kann theoretisch 500 Schlösser und Herrenhäuser passieren. Zu den klangvollsten Namen unter ihnen zählt Liebenberg. Sechzig Kilometer nördlich von Berlin gelegen, laden Wälder und Seen zum Schauen, Staunen und Verweilen ein. Durch eine gleichermaßen aufwändige wie liebevolle Restaurierung ist es gelungen, in Liebenberg Tradition und Moderne harmonisch unter einem Dach zu vereinen.

Zentraler Ort der Begegnung ist das Schloss. Man wohnt „fürstlich", denn die 40 Doppelzimmer bieten eine zeitgemäße Wohlfühl-Atmosphäre mit allem technischen Komfort. In fünf geräumigen, mit moderner Technik ausgestatteten Tagungsräumen ist Platz für Gruppen von zehn bis achtzig Teilnehmern.

Nur 700 Meter Luftlinie weiter westlich ist das Seehaus ein kleines Domizil (18 Doppelzimmer) für Gespräche, Konferenzen und Feste. Wie im Schloss gibt es ein Restaurant mit märkisch inspirierter Küche, eine Bar sowie die für Liebenberg charakteristische Sommerterrasse mit Blick auf den „Große Lankesee". Aus dem Wintergarten, der an das Kaminzimmer anschließt, schaut man auf den hoteleigenen Badesteg.

Zurück zum Schlossgelände: Das Lindenhaus, vor 300 Jahren als Orangerie errichtet, beherbergt ein Sommer-Restaurant (50 Plätze) mit Blick auf den nach Plänen von Peter Josef Lenné gestalteten Schlosspark. Dort kann der

Spaziergänger faszinierende Sichtachsen erkennen, etwa zwischen den von Bäumen eingerahmten Parkteichen hindurch auf das kleine Teehaus.

Ältestes Gebäude der Anlage ist die Feldsteinkirche aus dem 13. Jahrhundert. Nach und nach wurde sie saniert und zuletzt mit bleiverglasten Fenstern und einer neuen Orgel versehen. Auch viele ehedem landwirtschaftlich genutzte Gebäude sind – äußerlich im überlieferten Gewand gekleidet – im Innern den heutigen Ansprüchen angepasst. So gibt es eine Musikscheune für Konzerte, im ehemaligen Kutscherhaus ein Schlossmuseum und einen nach Blumen und Kräutern duftenden Hofladen. Hinter dem freigelegten, historischen Mauerwerk des früheren Pferdestalls sind für Gäste, die sich bei jedem Wetter bewegen möchten, zwei Fitnessräume und eine Sauna eingerichtet. Überhaupt ist Liebenberg sportlich: Für Dauerläufer gibt es vor der Haustür ausgewiesene Rundstrecken von fünf oder zehn Kilometer Länge. Wer möchte, kann sich auch Nordic-Walking-Stöcke ausleihen oder ein Fahrrad, denn Liebenberg liegt direkt am neuen Löwenberger-Land-Radweg, der die Radfernwege Berlin-Kopenhagen und Spree-Havel-Müritz verbindet.

Liebenberg heute

Seit Ende 2005 sind Schloss & Gut Liebenberg Eigentum der DKB Stiftung für gesellschaftliches Engagement. Schwerpunkt der Stiftungsarbeit ist der Erhalt und die Restaurierung der Gutsanlage, die rund 1500 Hektar land- und forstwirtschaftliche Nutzflächen umfasst. Ziel der Stiftung ist aber auch „die Förderung von Kunst, Kultur und Denkmalpflege, von Bildung und Erziehung, von Sport und sozialen Belangen".

Im Sinne dieser Ausrichtung entwickelt sich Liebenberg immer mehr zu einem intellektuellen Zentrum für Eliten der Wirtschaft, der Wissenschaften, der Musik und des Sports. Das Liebenberger Spektrum umfasst:

- Die DKB Management School zur strategischen Kompetenz-Bildung von Mitarbeitern, Führungskräften und Kunden der DKB
- Das Sporthilfe Elite-Forum zur Persönlichkeitsentwicklung von Spitzensportlern und -sportlerinnen
- Die Seminare für Führungskräfte zur Vorbereitung junger, exzellenter Forscher auf Führungsaufgaben
- Den Meisterkurs für Querflöte für ausgewählte Nachwuchsmusiker
- Den Liebenberger Musiksommer zur Förderung junger Klassik- und Jazzensembles
- Den Literaturherbst zur Förderung der Kultur und Lesefreude in der Region
- Das Integrationsunternehmen in Liebenberg, um soziale Nachhaltigkeit umzusetzen
- Die GeschenkeManufaktur, die die Vielfalt der Gewerke in Liebenberg darstellt
- Das Jagdtrainingszentrum zur Ausbildung von Jägern und Sportschützen
- Die Schlossgärtnerei mit biologischem Anbau für die Belieferung der eigenen Schlossküche
- Die Förderung von Kinder- und Jugendlichen beispielsweise in Sommercamps wie „futOUR" von der Deutschen Kinder- und Jugendstiftung sowie EDS (Erkenne Deine Stärken)

Der Fotograf

Als ich Hartwig Gauder bei einem gemeinsamen Freund kennen lernte, erzählte er mir sofort vom Sporthilfe Elite-Forum in Liebenberg: »Die brauchen einen Fotografen wie Dich. Schicke umgehend eine Mappe zu Manfred Birkholz, der meldet sich dann bei Dir«.

Und so war ich beim Fünften Seminar, Ende April 2006, das erste Mal als begleitender Fotograf im Schloss & Gut Liebenberg, lernte Christian Schenk, Jossi und Manfred Birkholz kennen, und über die Jahre sehr schätzen.

»Marc, Du musst unbedingt auch Porträts von den Sportlern und Referenten erstellen. So wie Du es sonst auch machst, am besten in schwarz-weiß. Das wird irgendwann Geschichte«, sagte Manfred mir gleich zu Beginn.

Mehr als 300 Porträts sind seitdem entstanden.

Mein besonderer Dank gilt den vorher Erwähnten, sowie meinen Assistenten Jan Krause und Timm Prozell. Ohne die Unterstützung der DKB, der Deutschen Sporthilfe und der DKB Stiftung gäbe es nun dieses Dokument der großartigen Treffen nicht. »Vielmols merci!«

Marc Theis

Marc Theis, geboren am 18.04.1953 in Luxemburg, lebt seit über 35 Jahren in Hannover. Er verbrachte einen Teil seiner Kindheit im französischen Metz und kehrte nach Luxemburg zurück, um an der Ecole des Arts et Métiers Dekorateur und Schriftenmaler zu lernen.

Nach dem Abschluss 1971 ging Marc Theis nach Stuttgart an die Adolf Lazi Fotoschule, anschließend studierte er an der Staatlichen Akademie der Bildenden Künste Werbegrafik. Im Alter von 23 Jahren kam er nach Hannover, arbeitete zunächst an der Medizinischen Hochschule, schloss 1979 in Hannover sein Studium zum Diplom-Grafik-Designer ab, und arbeitete dann fünf Jahre in der Werbeabteilung des Reisekonzerns TUI.

Seit 1983 ist er freischaffender Künstler, Fotograf und Buchautor.

Seine Bilder werden im In- und Ausland gezeigt, und er hat bisher neun eigene Bildbände und über 25 Fotokalender realisiert.

Biografie:

2010 Fotograf und Herausgeber des ersten offiziellen Kunst-Bildbandes der weltbekannten Rockband aus Hannover, die Scorpions, »Scorpions- Rock´n Roll forever.

2008 Fotograf und Mit-Herausgeber des Bildbandes »Lea Linster – avec amour«, ausgezeichnet mit dem »best in the world« bei den »Gourmand World Cookbook Awards 2009« in Paris, unter 8000 Büchern aus 136 Ländern

2000 Fotograf der offiziellen Briefmarken von Großherzogin Maria Teresa und Großherzog Henri von Luxemburg, anlässlich der Krönung in 2000

1999 Fotograf und Herausgeber des Buches »Hannover – die Stadt in der die Welt zu Gast ist« zur Expo 2000 in Hannover

1994 Verleihung des »Chevalier de l´Ordre du Mérite« du Grand-Duché de Luxembourg

1985 Gewinner der Goldmedaille beim weltgrößten Fotowettbewerb »Nikon Contest« für das beste Farbfoto